Oliver Heuler

Jenseits der Scores

Der Weg des Meisters beim Golfspiel

Golf-Forum

Die Deutsche Bibliothek — CIP Einheitsaufnahme
Jenseits der Scores/Oliver Heuler.
1. Aufl. — Göhren-Lebbin: Golf-Forum, 2002
ISBN 3-00-005096-5

Karikaturen: José Rey
Buch- und Umschlaggestaltung: O. Heuler
Umschlagfoto: 15. Loch, Cypress Point

Herstellung: Books on Demand GmbH,
Norderstedt

Dieses Buch ist auch als Hörbuch erschienen:
www.golf-forum.org · 0700-FORUMORG

Weitere Bücher von Oliver Heuler:
Golf-Technik mit System
Golf – der andere Weg zum Erfolg
Der Schwung
Das kurze Spiel
Fehler und Korrekturen
Golf-Etikette
Golf für Einsteiger
Schlagvariationen (Lehrbrief DGV)
Die Technik des Golfschwungs (Lehrbrief DGV)
Technik-Teil des PGA Teaching-Manuals

Videos:
Der Schwung
Das kurze Spiel
Fehler und Korrekturen
Taktik und Spezialschläge
Golf für Einsteiger

Kommentare und Anregungen sind
herzlich willkommen: info@golf-forum.org

Inhalt

Einleitung

„Ein Golfclub gleicht einem Zenkloster ohne Meister. Käme einer, so würden die meisten Mitglieder ihn verjagen oder austreten.“

THOMAS ZACHARIAS

Score, Handicap und Platzierungen gelten beim Golf als Maßstäbe des Erfolges. Doch nur die wenigsten planen eine Karriere als Tourspieler. Wäre es da nicht schade, wenn wir uns in den unzähligen Stunden auf dem Golfplatz ausschließlich darin übten, einen Ball mit wenigen Schlägen in einem etwas größeren Loch unterzubringen? Dieses Buch handelt deshalb nicht davon, wie wir unser Leben dem Training, sondern wie wir das Training unserem Leben widmen können.

Die Japaner nutzen hierzu verschiedene Künste wie Bogenschießen, Schwertkämpfen oder Aikido. Sie haben erkannt: Meister einer Kunst können ihr Wissen auch auf andere Disziplinen und den Alltag übertragen. Verglichen mit den fernöstlichen Kulturen, reiben wir uns im Westen gerade erst die Augen, wenn es darum geht, höhere Bewusstseinsstufen zu erreichen. Mit dem Golfspiel besitzen wir jedoch ein ideales Hilfsmittel, Persönlichkeit und Charakter zu formen: Höhen und Tiefen wechseln in schneller Folge, wir treffen dauernd auf unsere Grenzen und können sie hin und wieder überschreiten.

Im Gegensatz zu den asiatischen Künsten wird das Durchhalten beim Golfspielen durch den Genuss erfolgreicher Golfschläge erleichtert. Die Belohnungen in Form gelegentlicher Traumschläge bergen jedoch auch eine Gefahr: Die meisten Golfer spielen jahrelang, ohne je die Möglichkeit der Weiterentwicklung zu entdecken. Ihre ständige Suche nach technischen Geheimnissen ist Ausdruck ihres Irrglaubens, bessere Schläge oder niedrigere Scores führten zu der ersehnten Befriedigung. Doch genau dadurch verfehlen sie ihr Ziel.

Viele Golfer nehmen das Spiel zu ernst und verderben dabei sich und ihren Mitspielern den Spaß. Sie scheinen nie gut genug zu spielen. Sie werden wütend, benehmen sich schlecht, jammern, betrügen sich selbst und andere. Wie man scort, ist nur ein Aspekt des Spieles, doch für manche scheint er der einzige zu sein. Beim Golf wie im Alltag könnte man glauben, es ginge nur um messbare Resultate, und was man selbst sei, wäre gleich bedeutend mit dem, was man erreicht. Auf diese Weise wird das Golfspiel zum Ersatz statt zum Mittel der Persönlichkeitsentwicklung. Wie sonst ließe sich erklären, dass auf den Golfplätzen so viele Menschen herumlaufen, die unzufrieden sind, neidisch, verängstigt, wütend oder verzweifelt?

Auch psychologische Techniken wie Autosuggestion und richtiges Atmen, autogenes Training oder positives Denken werden nicht die Ursachen unserer Unzufriedenheit beseitigen. Wer sich psychologisch verbessern möchte, die Arbeit an der Persönlichkeit jedoch umgehen will, sucht nach einer Abkürzung, die es nicht gibt: Ohne die richtige Einstellung sind psychologische Techniken fast wertlos.

Der Weg, der in diesem Buch beschrieben wird, kennt keine Abkürzungen; er gleicht einer Odyssee, einem langen Prozess mit vielen Schwierigkeiten. Ich nenne ihn den Weg des Meisters. Schon während des Weges – und nicht erst am Ziel – stellt sich eine tiefe und dauerhafte Zufriedenheit ein. Diese Zufriedenheit hat eine völlig andere Qualität als die in Panik und Wut eingebetteten Episoden oberflächlichen Vergnügens, mit denen wir uns sonst zufrieden geben.

Angst und Ärger werden die Grundlagen entzogen, je mehr wir uns von unserer Eitelkeit und unseren Erwartungen lösen. Ausreden, Jammern und Selbstmitleid werden überflüssig, sobald wir die Verantwortung für unsere Leistungen übernehmen und keine Gerechtigkeit mehr erwarten. Unsere Weiterentwicklung ist gesichert, wenn wir aus Misserfolgen lernen, ohne sie mit unserer Selbstachtung zu verknüpfen. Spieler auf dem Weg des Meisters verkörpern Selbstdisziplin und Gelassenheit. Sie sind geschätzte Mitspieler, weil sie das ausstrahlen, was die meisten zwar als Potenzial besitzen, aber bisher noch nicht verwirklicht haben.

Oliver Heuler
Göhren-Lebbin im April 2002

Erster Teil: Entwicklungsstadien

„Andere zu erkennen, ist Weisheit,
sich selbst zu erkennen, ist Erleuchtung.
Andere zu beherrschen, erfordert Macht,
sich selbst zu beherrschen, erfordert Stärke.“[1]

Lao Tse

Der Gebrauch dieses Buches gleicht dem einer Landkarte: Allein das Lesen der Landkarte wird Sie keinen Schritt voran bringen. Wenn Sie sich jedoch auf den Weg machen, können Ihnen Landkarte wie Buch dabei helfen, Umwege zu vermeiden. Für beide gilt außerdem: Zuerst muss der eigene Standort bestimmt werden. Hierum geht es in diesem Teil des Buches.

Mit zunehmender Spielpraxis benötigt man immer weniger Schläge; die Reife eines Golfspielers ist von der Spielstärke jedoch unabhängig: Es gibt Wochenend-Golfer, die sich Meister nennen könnten und Playing-Pros, die scheinbar gerade erst dem Anfängerstadium entwachsen sind. Mit dem folgenden Modell können Sie Ihren Entwicklungsstand beim Golfspiel herausfinden.

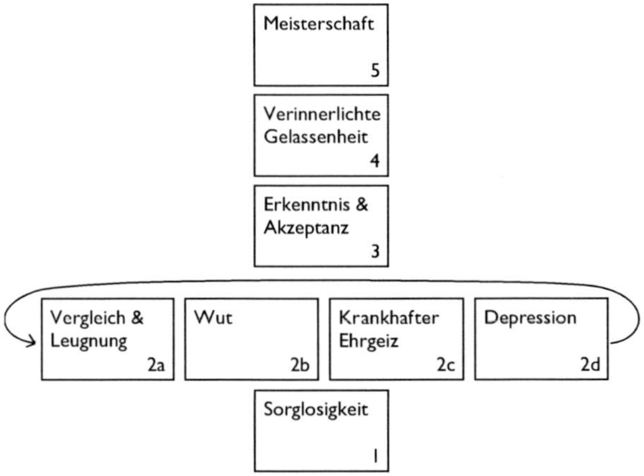

Abb. 1: Entwicklungsstadien beim Golfspiel

Stadium 1 – Sorglosigkeit
Ein Anfänger empfindet das Spiel selbst als unglaublich aufregend: es fesselt seine volle Aufmerksamkeit. Anfänger kennen weder Leistungsdenken noch benötigen

sie Mitspieler, bei denen sie Anerkennung finden. Meist zählen sie noch nicht einmal ihre Schläge. Da sie noch keine großen Erwartungen haben, ärgern sie sich kaum über ihre vielen schlechten Schläge, freuen sich aber besonders über die wenigen guten. Sie spielen Golf aus reiner Lust an der Sache und haben so zuweilen mehr Spaß als viele Cracks. Auf Anfänger, die mit dem Golfspiel hauptsächlich aus gesellschaftlichen Gründen beginnen, trifft dies natürlich nicht zu. Aber auch diese Spieler entdecken später oft die Lust am Schlagen des Balles. In dieser Sorglosigkeit kann man jedoch weder ewig verharren, noch kann man später hierhin zurückkehren.

Stadium 2a – Vergleich und Leugnung

Mit fortschreitender Übung benötigt der Sorglose nicht mehr die volle Aufmerksamkeit für seine Schläge. Jetzt beginnt er, seinen Score mit dem Platzstandard und den Ergebnissen anderer zu vergleichen. Noch unterschätzt er jedoch die Schwierigkeit dieses Spiels und viele seiner Erwartungen werden enttäuscht. Dies will er nicht wahrhaben und so verleugnet er mitunter unausweichliche Tatsachen. Hin und wieder gelingen schließlich Schläge von Weltformat. Bei schlechten Schlägen müsse es sich also um einen Irrtum handeln oder ein unerklärliches Versehen: „So einen schlechten Schlag habe ich ja noch nie gemacht." – „Ich kann nicht glauben, dass ich auf diesem Loch drei Bälle verloren habe." Nach der Runde reden diese Spieler meist im Konjunktiv: „Hätte ich an der Drei keine elf gespielt und nicht fünf mal drei Putts gebraucht, dann ..." Eine weitere Form der Leugnung ist die Ausrede: Wer nach jedem schlechten Schlag eine Ausrede vorbringt, lebt in einer Scheinwelt und verleugnet die Realität. Wüsste ein Spieler in Stadium 2a, dass selbst Tourspieler nur einen Bruchteil ihrer Schläge perfekt ausführen, könnte er erkennen, wie lächerlich seine Haltung ist. Geleugnet werden aber nicht nur die eigenen Schwächen, sondern auch die Schwierigkeit des Spiels: In der Hoffnung auf unglaubliche Verbesserungen suchen Spieler in diesem Stadium ständig nach technischen Geheimnissen.

Die Phase der Leugnung kann lange dauern und je länger man in ihr bleibt, desto schwieriger wird das Erreichen höherer Entwicklungsstufen. Golfer, die sich auch sonst oft selbst belügen, wachsen vielleicht nie über diese Phase hinaus. Wer sich jedoch im Alltag nur selten etwas vormacht und schon intensive Erfahrungen in anderen Sportarten gesammelt hat, kann nach dem Vergleichen direkt bis zur Akzeptanz (Stadium 3) aufsteigen. Doch das passiert leider äußerst selten; viel häufiger folgt eine Phase der Wutanfälle.

Stadium 2b – Wut

Glaubt der Spieler, seine schlechten Leistungen ließen sich nicht mehr leugnen, wird er wütend. Sein Ego wurde inzwischen zu häufig verletzt. Der Wütende denkt, seine Narrenfreiheit als Anfänger sei längst vorbei und er werde jetzt von anderen nur noch an der Qualität seiner Schläge gemessen. Dieser Druck verursacht ständige Wutausbrüche, die meist nur dem Zweck dienen, den Mitspielern vorzugaukeln, man spiele normalerweise besser. Um die Ursachen der Wutausbrüche zu beseitigen, müsste man sich von Erwartungen und Eitelkeit lösen. Das gelingt nur wenigen und so rutschen die meisten früher oder später in den krankhaften Ehrgeiz oder gleich in die Depression.

Stadium 2c – Krankhafter Ehrgeiz

Nach genügend vielen Enttäuschungen beschließen einige Spieler, besser zu werden – koste es, was es wolle. Zuerst versucht der Ehrgeizige, sich ein besseres Handicap zusammenzukaufen: In seiner Tasche finden sich immer die aktuellen Schlägermodelle aus den exotischsten Materialien. Der Wert seiner Ausrüstung entspricht dem eines Kleinwagens. Letzten Monat hieß sein Driver noch: 8-Grad-Super-Mass-Perimeter-Impact-Big-Bouncer. Diesen Monat muss es unbedingt ein frequency-matched Power-Clout-Widebody-Launcher aus Tarantium sein. Der vom Ehrgeiz Gepackte abonniert außerdem alle Golfzeitschriften und studiert aufmerksam die Seiten mit den neuen Technik-Tipps. Er besitzt drei Dutzend Lehrvideos und mindestens doppelt so viele Bücher. Golfer in dieser Phase besuchen der Reihe nach die bekanntesten Golflehrer, um „bestmöglich“ unterrichtet zu werden. Ehrgeizige spielen am liebsten mit besseren Spielern. Ihr größter Wunsch ist es, von diesen Menschen auf Grund ihrer golferischen Leistungen anerkannt zu werden. Spieler dieses Stadiums identifizieren sich vollständig mit ihren Resultaten: spielen sie gut, sind sie zufrieden – spielen sie schlecht, sind sie unzufrieden und ungenießbar. Spieler mit großem motorischem Talent können sich in dieser Phase lange wohl fühlen, denn sie spielen ja meist besser als die anderen. Doch genau aus diesem Grund bleiben diese „beneidenswerten" Menschen oft in dem Stadium des krankhaften Ehrgeizes stecken.

Stadium 2d – Depression

Sobald der Ehrgeizige erkennt, dass sich an seiner Spielstärke trotz unglaublichem Zeit- und Geldaufwand kaum etwas ändert, droht die Depressionsphase. Ein Erkennungszeichen ist selbstmitleidiges Gejammer: Laut oder leise behaupten diese Spieler, ihre Schwierigkeiten seien eine einzigartige Heimsuchung, die nicht sein dürfte und die speziell ihnen zugefügt wurde, anderen dagegen nicht. Um sich vor Schmerz zu schützen, geben einige Depressive einfach innerlich auf. Ihre Aussagen klingen etwa so: „Ach wissen Sie, ich spiele Golf sowieso nur zum Spaß!" oder „Mir geht es hauptsächlich um die frische Luft." Das sind sichere Zeichen für eine ernstzunehmende Depression. Hört ein Spieler tatsächlich mit dem Golf auf – und davon gibt es mehr als man denkt –, dann tut er das in der Depressionsphase.

Leider wird diese Phase nicht immer durch Akzeptanz überwunden, sondern es setzt einfach wieder die Verleugnung ein und das Durchlaufen der Stadien 2a bis 2d beginnt von neuem. Obwohl dieses Rotieren in Stadium 2 höchst unbefriedigend ist, präsentiert sich diese Entwicklungsstufe für die Mehrheit als Endlosschleife. Es ist auch schwierig, einen Weg zu beschreiten, den die Mehrheit nicht kennt. Dieses Buch will Ihnen auf diesem Weg helfen. Es ist der Weg des Meisters und seine Entdeckung beginnt mit Erkenntnis und Akzeptanz.

Stadium 3 – Erkenntnis und Akzeptanz

Lassen Ausdauer und charakterliche Reife es zu, kann der Spieler das zweite Stadium überwinden. Im dritten Stadium erkennt er seine Schwächen: Er entdeckt seine Profilneurose und merkt, dass er sich ständig mit anderen vergleicht und dass seine Selbstachtung von seinen Resultaten abhängt. Mit der Einsicht in seine Schwächen und dem Akzeptieren der Schwierigkeiten des Golfspiels entfällt irgendwann der Zwang, die eigenen Scores zu beschönigen oder sich hinter Ausreden zu verstecken. Der ohnehin vergebliche Wunsch nach ein paar armseligen Extra-Metern durch einen neuen Wunderschläger wird verschwinden und man braucht nicht mehr alle zwei Wochen neue Schläger zu kaufen. Spieler im dritten Stadium haben Angst und Wut noch nicht überwunden und identifizieren sich auch noch oft mit diesen Gefühlen; sie haben jedoch eine größere

Bewusstheit, denn sie erkennen schneller ihren inneren Zustand und die dafür verantwortlichen Gedankengänge. Wer die Schwierigkeiten beim Golf erkannt und akzeptiert hat, wird den Spaß an diesem Spiel neu entdecken. Und vielleicht erwacht die Neugier und mit ihr die Lust an weiterer Entwicklung.

Stadium 4 – Gelassenheit

Eine kleine Gruppe philosophisch orientierter Spieler strebt nach tieferen Einsichten. Ihnen genügt es nicht, ihre Schwächen nur erkannt zu haben. Durch ständige Arbeit an ihrer Persönlichkeit finden sie Wege, Gelassenheit auf dem Golfplatz auch zu verinnerlichen. Wut und Angst werden noch wahrgenommen, doch Spieler

im vierten Stadium identifizieren sich nicht mehr mit diesen Gefühlen. Aus diesem Grund werden sie unabhängig von ihren Resultaten und erleben beim Golfspiel anhaltende Zufriedenheit. Spieler dieser Phase erkennen das wahre Potenzial des Sports und entdecken den Golfplatz als Übungswiese zur Persönlichkeitsentwicklung, die auch im Alltag ihre Früchte trägt. Sie erkennen, dass man sich auch im täglichen Leben nicht auf äußerliche Ergebnisse versteifen darf.

Stadium 5 – Meisterschaft

In Stadium 3 hat man den Weg des Meisters entdeckt, in Stadium 4 ist man als Golfer bereits auf diesem Weg und im fünften Stadium beschreitet man den Weg des Meisters auch im Alltag. Wer hier angelangt, ist frei von Angst und Wut, weil man hier von seinen Resultaten unabhängig ist – auf dem Golfplatz wie im Alltag. Meister geben erwartungslos ihr Bestes und akzeptieren die Resultate mit Gelassenheit. Wer Meisterschaft erreicht hat, sucht nicht mehr danach, was ihm fehlt, sondern genießt, was er hat. Meister einer Kunst beherrschen die Prinzipien aller Künste, weil sie sich selbst beherrschen. Sie haben nicht nur sportliches Talent, sondern mit der Herrschaft über Körper und Geist haben sie auch die Voraussetzungen für ein erfülltes Leben. Experten glänzen in der Arena des Wettbewerbs – Meister glänzen überall. Meister bleiben trotzdem oft unbeachtet; *meist sprechen sie nur leise oder schweigen häufig ganz, aber ihr Schweigen ist eine donnernde Stille, die alles laute Ich-Geschnatter ringsumher aufsaugt* (Ken Wilber). Sie müssen keine Rolle spielen und anderen nichts mehr beweisen. Egal was sie tun, sie sind im Zustand des Übens mit voller Aufmerksamkeit. Sie strahlen eine Sicherheit aus, die andere dazu bewegt, ihnen zu folgen, obwohl Meister es nicht darauf anlegen. Sie machen aus jedem Moment eine Zeremonie: Sie essen, trinken, gehen, bügeln, putzen mit derselben Konzentration, die sie bei einer großen Meisterschaft aufbringen. Folgende Geschichte illustriert anschaulich: Meister einer Kunst beherrschen die Prinzipien aller Künste.

> Auf einer vielbelaufenen Straße stieß ein Meister der Tee-Zeremonie eines Tages mit einem schlecht gelaunten Samurai zusammen. Der Meister entschuldigte sich sofort, doch der Samurai wollte die Entschuldigung nicht gelten lassen und forderte den Meister zum Duell. Die Tradition verlangte, dass der Meister dieses Duell annahm – ob er nun ein Schwertkämpfer war oder nicht. Die beiden vereinbarten also einen Ort, an dem das Duell stattfinden sollte. Der Meister suchte daraufhin einen berühmten Lehrer der Schwertkunst auf. Er erklärte, was ihm widerfahren war und fragte ihn, was er tun müsse, um ehrenhaft zu sterben. Der Lehrer wunderte sich über die ungewöhnliche Frage, willigte aber ein, dem Meister zu helfen. Der Lehrer fragte den kleinen Mann, ob er irgendeine Kunst beherrsche.

„Ich bereite Tee zu", antwortete dieser.
„Hervorragend! Dann bereiten Sie mir Tee zu", sagte der Lehrer.
Der Tee-Meister nahm sofort die entsprechenden Utensilien hervor und begann äußerst konzentriert mit der traditionellen Zeremonie der Teezubereitung.
Der Lehrer war beeindruckt von der offenkundigen Ruhe des Meisters, obwohl ihm klar sein musste, dass er in wenigen Stunden sterben würde.
„Sie wissen bereits, wie man würdevoll stirbt", sagte der Lehrer. „Ich brauche Ihnen nichts mehr beizubringen." Der Tee-Meister verbeugte sich und dankte dem Lehrer der Schwertkunst. In Ruhe packte er seine Utensilien wieder ein und machte sich auf den Weg zu dem verabredeten Ort. Sein Herausforderer wartete schon voller Ungeduld.
Der Tee-Meister legte seine Utensilien so vorsichtig auf den Boden, als wolle er sie in ein paar Minuten wieder aufheben. Danach verbeugte er sich respektvoll und mit größter Ruhe vor dem Samurai. Der Meister erhob sogleich sein Schwert mit dem Ziel den Samurai zu schlagen, was auch immer passieren möge. Während er ganz konzentriert mit erhobenem Schwert dastand, sah er, wie sich die Augen des Schwertkampf-Experten weiteten. Sie spiegelten zuerst Erstaunen wider, dann Respekt und zum Schluss Angst. Der Schwertkämpfer sah auf einmal keinen kleinen Meister der Tee-Zeremonie mehr

vor sich, sondern einen furchtlosen Krieger, der seine Angst vor dem Tod überwunden hatte. Dem Samurai wurde jetzt klar, dass wahrscheinlich nicht sein Gegner, sondern er sterben würde. Nach einem kurzen Moment der Besinnung ließ er sein Schwert sinken und bat den kleinen Tee-Meister um Entschuldigung und um die Ehre, von ihm unterrichtet zu werden, denn auch er wollte lernen, seine Angst zu besiegen.

Zweiter Teil: Der Weg des Meisters

„Zu sein, was wir sind, und zu werden, was wir werden können, ist der einzige Sinn des Lebens.“

ROBERT LOUIS STEVENSON

Wenn man vom Weg des Meisters spricht, ist mit Meisterschaft kein Ziel gemeint, sondern ein Prozess. Der Weg des Meisters ist nicht etwa nur für jugendliche Talente – er ist für jeden begehbar, der bereit ist, sich auf den Weg zu machen und auf ihm zu bleiben. Von dem Wunsch nach schnellen Erfolgen und leichter Befriedigung muss man sich jedoch lösen; der Weg des Meisters ist mühsam. Sport und besonders Golf bietet eine gute Möglichkeit, den Weg des Meisters zu erkunden. Auf diesem Weg werden Sie wahrscheinlich ebenso viel über sich selbst erfahren wie über das

Golfspiel und Ihre persönliche Entwicklung kann genauso schnell fortschreiten wie Ihre golferische.
Der Weg des Meisters führt über verschiedene psychologische Eigenschaften, die aufeinander aufbauen: Keine dieser Eigenschaften ist denkbar ohne die vorausgegangene. Die Darstellung besteht deshalb aus konzentrischen Kreisen. Am Anfang steht die Motivation und mit dem äußersten Kreis wird dauerhafte Zufriedenheit erlangt. Jeder einzelne Kreis schließt die vorausgegangenen ein, fügt ihnen jedoch noch etwas hinzu.

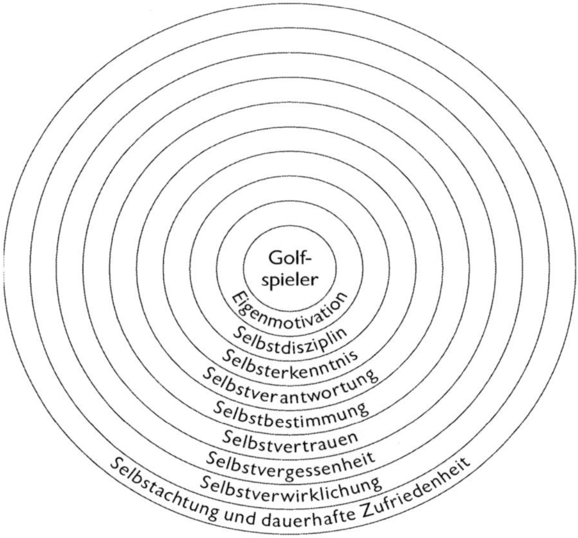

Abb. 2: Der Weg des Meisters

Diese Kreise sind keine Stufen, die man vollständig erklimmen muss, um die jeweils nächste zu erreichen. Das Durchlaufen der Kreise kann man sich eher so vorstellen: Der Golfer in der Mitte besitzt zu Anfang ein Potenzial von hundert Prozent. Ist er nur achtzigprozentig motiviert, kann er natürlich immer noch selbstdiszipliniert sein. Aber zwanzig Prozent seines Potenzials hat er schon bei der Eigenmotivation eingebüßt. Wer dann zum Beispiel beim Selbstvertrauen nur noch zehn Prozent besitzt, wird dementsprechend selten einen Zustand der Selbstvergessenheit erfahren. Die eigenen Möglichkeiten werden kaum ausgeschöpft, Selbstachtung und Zufriedenheit werden gering sein. Ziel ist also, die Eigenschaften zu entdecken, bei denen das meiste Potenzial hängen bleibt, und genau in den Punkten an sich zu arbeiten. Hierbei sollen die folgenden Kapitel helfen.

Erstes Kapitel: Eigenmotivation

Was motiviert uns überhaupt, Golf zu spielen? Um eine befriedigende Antwort zu finden, müssen wir uns mit den menschlichen Trieben beschäftigen. Danach geht es um das Problem der Verwöhnung und schließlich kümmern wir uns um die Möglichkeiten und Gefahren der Motivierung und das Thema „Ziele“.

Die fünf grundlegenden Triebe

Fünf Haupttriebe gilt es zu unterscheiden: den Nahrungstrieb, den Sexualtrieb, den Aggressionstrieb, den Neugiertrieb und den Bindungstrieb.[2] Nahrungs- und Sexualtrieb spielen für die Golfpsychologie zwar kaum eine Rolle, sie erklären jedoch sehr gut das Wesen der Triebe und erleichtern so das Verständnis der Triebe, die für das Golfspiel wichtig sind.

1. Nahrungstrieb

Eine Triebhandlung entsteht bei entsprechendem Verhältnis zwischen Reiz und Trieb. Beim Nahrungstrieb ist der Reiz das Essen und der Hunger bestimmt die Triebstärke. Damit es zu einer Triebhandlung kommt, muss entweder die Triebstärke hoch sein oder der Reiz: Wer richtigen Hunger hat, freut sich auch über ein Stück Trockenbrot, ohne Hunger muss man

schon eine Delikatesse vorgesetzt bekommen. Hat die Triebstärke ein gewisses Niveau erreicht, suchen Tiere wie Menschen nach den entsprechenden Reizen: Sobald wir Hunger haben, bemühen wir uns darum, etwas in den Magen zu bekommen. Dieses Streben nach Triebbefriedigung nennt man Appetenzverhalten. In unserer evolutionären Vergangenheit war dieses Appetenzverhalten immer mit Anstrengung verbunden. Und auch noch heute sind wir darauf programmiert. Ein paar Tausend Jahre Zivilisation sind da bedeutungslos.

2. Sexualtrieb
Der auslösende Reiz ist hier in aller Regel das andere Geschlecht und die Stärke des Reizes steigt mit der Attraktivität des anvisierten Objektes. Es kommt zu Appetenzverhalten in Form des Werbens. Die Natur hat die zugehörige Triebhandlung aus gutem Grund mit noch größerer Lust ausgestattet als die des Nahrungstriebes: Ohne Nahrung könnte der Mensch nicht überleben; er wird sich also in jedem Fall um Essen bemühen, auch wenn das Essen nicht mit großem Vergnügen verbunden sein sollte. Auf die Fortpflanzung könnte er jedoch verzichten. Die Natur belohnt den Menschen deshalb mit besonderer Lust, damit er die nötigen Anstrengungen auf sich nimmt und sein Fortbestehen gesichert ist.

3. Der Aggressions- oder Siegestrieb

Bei diesem Trieb geht es um den Sieg über Rivalen. Ziel ist das Erobern oder Behaupten eines Reviers oder eines Ranges. Bei Tieren wird um den Rang in der Gemeinschaft gekämpft. Den Sieger erwarten Fress- und Fortpflanzungsprivilegien. Diese Rangordnungs-

kämpfe werden nach bestimmten Regeln ausgeführt: der Unterlegene wird nicht getötet – er muss sich nur unterwerfen. Evolutionär ist auch dieser Trieb sinnvoll, denn er erhöht die Überlebenswahrscheinlichkeit der Gemeinschaft: Die Hierarchie innerhalb der Gruppe entsteht durch die Leistungsfähigkeit der Individuen und völlig Unfähige werden dann nicht an die Spitze der Gemeinschaft kommen.

Der Mensch hat neben dem Kampf glücklicherweise noch andere Mittel, seine Artgenossen zu besiegen: Es gibt den sportlichen Vergleich und wir können unsere Widersacher auch geistig übertrumpfen. Die ultimative Vergleichsmöglichkeit sehen wir im Geld. Autos, Kleidung, Häuser usw. werden häufiger nach der potentiellen Außenwirkung ausgesucht, seltener nach den bloßen Bedürfnissen. Auch hier ist die Triebbefriedigung – die Anerkennung durch die anderen – mit Lust verbunden.

4. Der Neugier- oder Sicherheitstrieb
Genau wie die höherentwickelten Tiere ist der Mensch von Natur aus neugierig. Das hat einen Grund: Wer Unbekanntes erforscht, wird nachher weniger Überraschungen erleben und damit seine Überlebens-Chancen erhöhen. Gleiches gilt für Probleme: Wer ein Problem löst, hat eine Bedrohung weniger. In der Gier nach Neuem sind wir ständig auf der Suche nach Abenteuern und Herausforderungen. Das Unbekannte

ist zwar mit Risiko behaftet, doch das gewonnene Wissen führt insgesamt zu einer größeren Sicherheit. Auch hier belohnt die Natur die erbrachten Anstrengungen mit Lust: Probleme zu lösen macht Spaß.

5. Der Bindungstrieb

Tiere schließen sich zu Gemeinschaften zusammen, weil sie so leichter überleben: Nahrungssuche wie Jagd werden erfolgreicher, man kann sich gegenseitig schützen und das Aufziehen von Jungen wird leichter. Wird die Arbeit geteilt, können die besonderen Fähigkeiten des Einzelnen berücksichtigt werden. Auch Menschen zeigen ein entsprechendes Appetenzverhalten: Wir suchen die Gemeinschaft und essen, spielen, arbeiten oder lachen lieber in Gesellschaft als allein. Aber auch der Bindungstrieb erfordert Anstrengung: Man muss sich um den anderen bemühen, sich ihm öffnen und ihm zeigen, dass auch er von einer möglichen Bindung profitieren kann. Echte Freundschaften lassen sich nicht kaufen – und das macht sie so wertvoll.

Trieb	Appetenz-verhalten	Trieb-handlung	Endhandlung
Nahrungstrieb	Suche/Jagd	Kauen	Schlucken
Sexualtrieb	Balz	Kopulieren	Orgasmus
Aggressions-/ Siegestrieb	Suche nach Gegnern	Kämpfen/ mehr leisten	Sieg/ Anerkennung
Neugier-/ Sicherheitstrieb	Suche nach: Neuem, Aufgaben, Problemen	Forschen/ mit Problem beschäftigen	Lösen des Problems/mehr Sicherheit
Bindungstrieb	Suche nach Freunden	Kommunizieren/sich öffnen	Bindungen geschaffen

Tab. 1: Übersicht der fünf Haupttriebe

Mit diesem Grundverständnis der Triebe ist es uns nun möglich, das Problem der Verwöhnung zu durchschauen, eine Alternative zu finden und die Motivation beim Golfen auf eine Grundlage zu stellen, die dauerhafte Zufriedenheit ermöglicht.

Das Problem der Verwöhnung

Tiere haben nicht die Fähigkeit zur Selbstreflexion: Ihnen muss daher die von Natur aus vorgesehene Triebbefriedigung genügen. Anders der Mensch: Mit Hilfe seines Verstandes sucht er die schnelle und die intensive Lust. Anstrengungen gilt es zu vermeiden. Dabei unterstützen ihn die Errungenschaften der Technik. Für den Genuss einer Skiabfahrt brauchen wir nicht mehr den Berg zu besteigen, sondern nehmen den Lift – und neuerdings den Helikopter. Um zum Urlaubsort zu gelangen, braucht man sich kaum zu bewegen, selbst wenn man hundert Tagesmärsche entfernt wohnt. Wir fahren mit dem Aufzug in die Tiefgarage, mit dem Auto zum Flughafen-Parkhaus, mit dem Lift zum Schalter, mit dem Laufband zum Flugsteig, mit dem Flugzeug in das fremde Land usw.

Der Mensch verwöhnt sich nicht nur, indem er Anstrengungen meidet, auch Genüsse werden ins Unendliche gesteigert: Auf der Fahrt hören wir das perfekt aufgenommene Klassik-Konzert in Hi-Fi-Qualität – hier genügt ein Knopfdruck. Unser Trieb nach Anerkennung (Aggressionstrieb) wird durch das prestigeträchtige Auto und das Überholen der langsameren Verkehrsteilnehmer befriedigt – hier genügt ein Tritt aufs Gaspedal. Selbstverständlich checken wir Businessclass ein und genießen heimlich die neidischen Blicke aus der langen Schlange vor dem Economy-Schalter. Auf dem Flug wird nicht einfach der Nahrungstrieb befriedigt. Raffinierteste Gaumenfreuden sind gefragt. Man isst und trinkt immer etwas mehr als man eigentlich muss – die hohe Reizstärke kompensiert die niedrige Triebstärke. Der Psychologie-Professor Steven Pinker schreibt: *„Wir mögen Erdbeersahne-*

torte, aber nicht, weil wir im Laufe der Evolution eine Vorliebe dafür entwickelt haben. Wir haben Schaltkreise entwickelt, die kleine Schauer des Entzückens auslösten, wenn wir süße, reife Früchte schmeckten, cremige Fette und Öle aus Nüssen und Fleisch und kühles frisches Wasser. Erdbeersahnetorte haut unsere Sinne um wie nichts anderes in der natürlichen Welt, denn sie ist ein Gemisch aus Megadosen angenehmer Sinnesreize, das wir eigens zu dem Zweck zusammengebraut haben, um auf unsere Lustschalter zu drücken."[3] Um die Genüsse weiter zu steigern, werden jetzt gesellschaftlich etablierte Drogen gereicht: Erst Kaffee, dann ein Brandy und zum Schluss die Zigarette oder Zigarre. Anschließend schauen wir uns einen Kinofilm an, geistige Erdbeersahnetorte sozusagen, und erleben Abenteuer im Leder-Fauteuil. Das befriedigt unseren Neugiertrieb. Natürlich siegt zum Schluss der Held, wir identifizieren uns mit ihm und verwöhnen so unseren Aggressionstrieb, ohne Risiko und Schweißtropfen. Die eroberte Frau des Helden ist natürlich bildhübsch und geizt nicht mit ihren Reizen – der Sexualtrieb will an der Rundumbetreuung ja auch beteiligt sein.

Der Mensch glaubte schon immer, das höchste Glück liege darin, alles zu haben und nichts zu tun. Das Streben nach Triebbefriedigung ist auch natürlich. Würden wir uns mit einer vorliegenden Mangelsituation einfach abfinden, wäre unser Leben schnell vorbei. Das Dilemma des Menschen besteht in dem Wunsch nach Lustmaximierung und dieser Hedonismus birgt die

Gefahr der Verwöhnung. Früher bestand diese Gefahr nicht: um Lust zu erzielen, bedurfte es immer einer Anstrengung. Es kam von alleine zu einer natürlichen Lust-Unlust-Ökonomie, wie Konrad Lorenz es nannte. Heute gibt es auch Lust ohne Anstrengung. Im Fernsehen nimmt der Held die Anstrengungen auf sich und wir erleben das Abenteuer, die Gefahr, die Unsicherheit im Sitzen bei Bier und Chips. Wir stillen Neugiertrieb und Nahrungstrieb in einem – ohne jede Anstrengung. Bei dem Streben nach Bequemlichkeit und nach Lustmaximierung handelt es sich jedoch nicht um einen Trieb: Das ist eine „Leistung" des Großhirns.

Wie sehen die Folgen dieser Leistung aus? Reize schleifen sich ab und wir müssen uns immer höhere Reize suchen oder schaffen. Die Drogendosis muss gesteigert werden. Wird die Triebbefriedigung immer schneller erreicht, müssen auch die Reize entsprechend schnell ansteigen. Das ist nicht möglich und so kommt es zu Abstumpfung und Langeweile – die Verwöhnung führt sich selbst ad absurdum. Die Belastung der Umwelt und der eigenen Gesundheit ist hier nicht das Thema. In unserem Zusammenhang ist die aggressive Langeweile problematisch: wenn Anstrengungen vermieden und Appetenzhandlungen nicht abgerufen werden. Trotz befriedigter Triebe bleiben Spannungen, Unruhe, Unzufriedenheit und Unlust. *„Es gibt zwei große Enttäuschungen im Leben"*, sagt der Schriftsteller George Bernhard Shaw. *„Erstens: nicht zu bekommen, was man gerne hätte und zweitens: zu bekommen, was man gerne hätte."*

Die Triebe beim Golfspiel

Liegt die Lösung in dem Verzicht auf Genuss? Nein. Askese zu predigen, bleibt erfolglos: sie widerspricht unserer Triebnatur. Nur weil „Lust ohne Anstrengung" zahlreiche Probleme aufwirft, heißt die Lösung nicht „Anstrengung ohne Lust". Die Lösung lautet vielmehr: „Anstrengung mit Lust", denn Leistung lässt sich auch mit Lust erleben. Hierzu eignet sich der Neugiertrieb besser als der Aggressionstrieb: Wie die Tabelle auf S. 31 zeigt, tritt die Befriedigung beim Aggressionstrieb erst ein, wenn man einen Sieg erzielt hat oder man die Anerkennung der anderen auf Grund einer guten Leistung erntet. Beim Neugiertrieb hingegen kann man schon bei der Triebhandlung und nicht erst bei der Endhandlung in einen angenehmen Zustand der Selbstvergessenheit geraten. Wer zum Beispiel an seinem Auto bastelt, sich mit einem Puzzle beschäftigt oder einen Berg besteigt, der erfährt nicht erst Freude, wenn das Auto repariert, das Puzzle fertig gestellt, der Berg bestiegen ist – dann kommt noch eine zusätzliche Freude –, dieser Mensch geht schon in seiner Tätigkeit auf und vergisst oft völlig das Ziel. Dieser Zustand der Selbstvergessenheit wird auch Flow genannt.

Die Anerkennung durch die anderen befriedigt sicher auch; doch wer es auf diese Anerkennung anlegt, macht sich von guten Leistungen und seinen Bewunderern abhängig. Reichen Leistungen oder Bewunderung nicht aus, ist man versucht, unfaire Mittel einzusetzen oder die Leistungen schönzufärben. Gegen Anerkennung ist nichts einzuwenden, solange sie Wirkung bleibt und nicht zum Ziel wird. Andernfalls bleibt die Anstrengung immer verkrampft und angstbehaftet. Das Problem ist der Wunsch nach sofortiger Anerkennung. Wer hingegen seinen Neugiertrieb befriedigt, wird sofort Spaß erleben und oft als Nebeneffekt für die daraus entstehenden Leistungen auch Anerkennung ernten. Das ist dann ein entwickelter Hedonismus, der im Gegensatz zu freiwilligem Verzicht niemanden überfordert. Zu Beginn braucht man lediglich eine geringe Anstrengungsbereitschaft – der Motor muss angeworfen werden –, danach wird die Lust durch das Gefühl der Selbstvergessenheit von alleine so groß, dass man wie selbstverständlich dabeibleibt.

Motivierung zerstört die Eigenmotivation

Wir sind daran gewöhnt, dass uns andere mit Belohnungen motivieren. Schon für die meisten Kinder gilt: je besser die Schulnoten, desto höher das Taschengeld. Auch im Beruf erwarten wir Prämien, sobald wir uns besonders einsetzen. Was soll daran falsch sein? Reinhard Sprenger beschreibt es in seinen Büchern eindrucksvoll: Motivierung zerstört die Eigenmotivation, denn sobald eine Belohnung für etwas ausgesetzt wird, sagt man damit zwischen den Zeilen, dass es sich nicht lohnt, die Sache um ihrer selbst willen zu tun. Es wird deshalb ein Schmerzensgeld angeboten. Diese Belohnungen können zwar vorübergehend die Leistungsbereitschaft erhöhen, reduzieren jedoch gleichzeitig die Lust an der Sache. Eine Geschichte verdeutlicht von Alfie Kohn dieses Prinzip:

> Ein alter Mann wurde täglich von den Nachbarskindern gehänselt und beschimpft. Eines Tages griff er zu einer List. Er bot den Kindern eine Mark an,

wenn sie am nächsten Tag wiederkämen und ihre Beschimpfungen wiederholten. Die Kinder kamen, ärgerten ihn und holten sich dafür eine Mark ab. Und wieder versprach der alte Mann: „Wenn ihr morgen wiederkommt, dann gebe ich euch 50 Pfennige." Und wieder kamen die Kinder und beschimpften ihn gegen Bezahlung. Als der alte Mann sie aufforderte, ihn auch am nächsten Tag, diesmal allerdings gegen 20 Pfennig zu ärgern, empörten sich die Kinder: Für so wenig Geld wollten sie ihn nicht beschimpfen. Von da an hatte der alte Mann seine Ruhe.[4]

„Nette Geschichte", werden Sie vielleicht denken, „aber eben eine Geschichte." Ein Beispiel aus der Forschung zeigt, dass sie nicht weit hergeholt ist:

Eine Gruppe von insgesamt 200 Studenten erhielt den Auftrag, ein Puzzle zusammenzusetzen. Kreativität war gefragt. Die eine Hälfte der Studenten wurde für die Erledigung dieses Auftrags bezahlt, die andere Hälfte nicht. Sie wussten jedoch nicht voneinander, dass sie jeweils bezahlt bzw. nicht bezahlt wurden. Die Studenten wurden in einen Raum geführt, in dem für jede Gruppe ein Puzzle lag. Die Übung begann und wurde nach einiger Zeit unter einem Vorwand abgebrochen, die Studenten um einen Augenblick Geduld gebeten. Mit Videokameras beobachtete man nun, wie sie sich verhielten: 82 Prozent der „nicht bezahlten" Studenten puzzelten während der Wartezeit weiter, aber nur 18 Prozent der „bezahlten".[5]

Vor welchen Belohnungen muss man sich beim Golf in Acht nehmen? Pokale, Platzierungen und Handicapverbesserungen stellen keinen materiellen Anreiz dar, aber einen potentiellen Prestige-Gewinn. Für diesen Gewinn bezahlen Sie jedoch langfristig mit der Angst, die Belohnungen einmal nicht mehr zu bekommen. Das reine Golfspielen verliert für Sie an Wert. Um nicht missverstanden zu werden: An einem Pokal oder einer Handicapverbesserung ist nichts auszusetzen. Sie sind sogar die zwangsläufige Folge, wenn jemand aus reiner Lust am Golfspielen und am Verbessern seiner Fertigkeiten immer weniger Schläge braucht. Wem es jedoch hauptsächlich um die Anerkennung geht und wer dabei das Training als notwendiges Übel betrachtet, dessen Motivation ist meist äußerst kurzlebig. Ein entlarvender Gedanke lautet dann: „Wenn ich erst mal dieses Ziel erreicht habe, dann kann ich zufrieden sein." So denkt der Anfänger an die Platzreife, der Platzreife-Spieler ans Handicap, der Handicap-Spieler an den Platz in der Clubmannschaft, der Clubmannschafts-Spieler an das Spiel auf der Tour, der Tourspieler an den Toursieg, der Toursieger an einen Major-Sieg und Tiger Woods träumt vom dreifachen Grandslam. Schon Wilhelm Busch hat diesen Wahn beschrieben:

„Wonach du sehnlichst ausgeschaut,
es wurde dir beschieden.
Du triumphierst und jubelst laut:
Jetzt hab' ich endlich Frieden.
Ach Freundchen werde nicht so wild.
Bezähme deine Zunge.
Ein jeder Wunsch, wenn er erfüllt,
kriegt augenblicklich Junge."

Wer seine Zufriedenheit vertagt auf den Zeitpunkt, an dem er seine Ergebnisziele erreichen wird, der lebt nicht im Hier und Jetzt, sondern sozusagen im Dann und Wann oder im Da und Dort. Aus Angst vor Enttäuschungen oder Versteifung auf das Ziel vollkommen auf Ziele zu verzichten, hieße das Kind mit dem Spülwasser wegzuschütten. Doch die meisten konzentrieren sich zu sehr auf Ergebnisse und verlie-

ren darüber allzu oft den Spaß an der Sache. Selbst ernannte Motivationsexperten wollen uns trotzdem immer wieder davon überzeugen, das Geheimnis läge nur in der cleveren Auswahl verführerischer Ziele. Wer jedoch nicht schon beim einfachen Schwingen seines Schlägers größte Freude empfindet oder zumindest beim Verbessern seiner Fähigkeiten in dieser Kunst, der wird auch bei einem Gewinn der Masters keinen lang anhaltenden Spaß haben. Bobby Jones, der einzige Gewinner des Grandslam, schreibt: „*Der richtige Weg, das Golfspielen zu genießen, besteht darin, Freude nicht in dem Erzielen eines Scores zu suchen, sondern in dem Ausführen der Schläge.*" Der Schlüssel zur Zufriedenheit liegt in der Lust am Alltäglichen – weniger in dem Streben nach Zielen und erst recht nicht in dem Erreichen derselben.

Ziele – nur Mittel zum Zweck

Neben der Gefahr, den Spaß während des Weges zu übersehen, können falsche Ziele auch Enttäuschungen bewirken: Besonders problematisch sind Ergebnisziele, die nicht vollständig dem eigenen Einfluss unterliegen. Dazu gehören Scores und Platzierungen. Einzelne Scores sind zu sehr vom Zufall, Platzierungen zusätzlich von den Leistungen anderer abhängig. Obliegt das Erreichen der Ziele nicht ausschließlich der eigenen Kontrolle, können manche Erwartungen nicht erfüllt werden und das führt zwangsläufig zu Enttäuschungen. Man kann das sogar in einer Formel zusammenfassen:

Enttäuschung = Erwartungen – Resultate

Je höher also die Erwartungen und je geringer die Resultate, desto größer die Enttäuschung. Will man dem entgehen, muss man sich von Erwartungen in Bezug auf Resultate lösen. Das bedeutet nicht, sich keine Mühe mehr zu geben. „Erwartungsloses Bemühen" bezeichnet diese Einstellung am besten. Wer das einmal verinnerlicht hat, braucht keine Ziele mehr.

Für die anderen geht es zunächst jedoch um die Frage: Welche Ziele ersparen uns Enttäuschungen und halten den Spaß an der Sache aufrecht? Die Lösung bietet eine Kombination aus Ergebnis- und Handlungszielen: Der Einfluss des Zufalls geht gegen null, wenn man sich Ergebnisziele setzt, die auf den Ergebnissen vieler Runden basieren. Der Scoredurchschnitt, die durchschnittliche Zahl der getroffenen Grüns und Fairways, sowie Putt- und Annäherungsquoten sind hierzu bestens geeignet. Ein Spieler, der im Jahresschnitt zwölf Schläge über Par gespielt hat, könnte sich vor einer neuen Saison das Ziel setzen, seinen Schnitt im folgenden Jahr auf elf Schläge über Par zu senken. Ergaben seine Rundenanalysen schlechte Puttwerte, könnte ein weiteres Teilziel lauten, diese Werte um einen realistischen Faktor zu verbessern. Bei vielen Einzelergebnissen kürzt sich der Zufall fast vollständig heraus und wenn es sich außerdem um realistische Ziele handelt, unterliegt das Erreichen der Ziele dem alleinigen Einfluss des Spielers.

Angemessene Ziele zu finden ist nicht einfach: Ziele, die ohne Anstrengung zu erlangen sind, bieten keinen Anreiz. Zu hoch gesteckte Ziele führen zu Enttäuschung oder Resignation. Egal ob man überfordert ist oder unterfordert – in beiden Fällen sinkt die Eigenmotivation. Bei einem richtig gewählten Ziel hat man das Gefühl, es gerade eben erreichen zu können, wenn man sein Möglichstes gibt. Wichtig ist außerdem, dass man seine Ziele selbst festlegt oder gemeinsam mit dem Trainer vereinbart. Keinesfalls sollten Ziele vorgegeben oder aufgezwungen werden.

Seine Ziele schreibt man am besten weit vor Saisonbeginn auf, um sie dann in einen Umschlag zu stecken und nicht wieder anzuschauen bis zum Saisonende. So kann man der Gefahr entgehen, sich auf Ziele zu versteifen. Anschließend geht es darum, sich ohne Erwartungen nur noch auf die Schritte zu konzentrieren, die nötig sind, um die gesetzten Ziele zu erreichen. Hierzu definiert man Handlungsziele: Im genannten Fall könnte ein Handlungsziel lauten, vor jeder Runde das Putten zwanzig Minuten lang zu trainieren.

Bei einem Schlag geht man im Übrigen genauso vor: Sobald man festgelegt hat, wohin der Ball gespielt werden soll, löst man sich von Erwartungen in Bezug auf das Resultat und konzentriert sich nur noch auf das Handlungsziel: die optimale Ausführung. Wer sich von Erwartungen in Bezug auf das Resultat nicht lösen kann, ist in der ständigen Gefahr, zu steuern, also durch Manipulation in letzter Sekunde auf das Resultat einzuwirken – allein aus der Angst, der Ball könne sein Ziel verfehlen.

Das Handlungsziel für die Runde lautet daher: jeden Schlag optimal vorbereiten, bestmöglich und erwar-

tungslos ausführen und das Ergebnis gelassen akzeptieren. Dabei gilt es, sich am Ausführen der Schläge zu erfreuen – und nicht nur an gelungenen Resultaten. Saust die Stimmung jedoch je nach Schlagergebnis in den Keller oder durch das Dachgeschoss, wird es unmöglich, jeden Schlag aus einer immer gleich bleibenden Grundstimmung heraus auszuführen.

Ziele sind also grundsätzlich nur Mittel zum Zweck. Das Wichtigste ist nicht, das Ziel zu erreichen, sondern eine Richtung zu finden und dann den Weg zu genießen. Günther Grass weist darauf hin, dass man sich Sisyphos nicht als einen unglücklichen Menschen vorstellen darf. Sinnlos wäre sein Dasein erst geworden, wenn er sein Ziel erreicht hätte und der Stein oben geblieben wäre.

Zweites Kapitel: Selbstdisziplin

Wer trotz Regen auf dem Übungsgrün sein Putten trainiert, macht das nicht, weil er sich sofortigen Spaß davon verspricht, sondern weil er hofft, durch das verbesserte Putten in Zukunft mehr Spaß zu haben. Selbstdisziplin bedeutet also, jetzt etwas Mühe zu investieren, um später eine noch angenehmere Situation zu erreichen. Zur Selbstdisziplin gehört auch die Offenheit für neue Wege und der Mut, Misserfolge zu riskieren.

Wen das Golfspiel selbst motiviert, der besitzt eine größere Bereitschaft, sich anzustrengen und etwas zu riskieren, als derjenige, den hauptsächlich die potentiellen Belohnungen antreiben. Eigenmotivation ist also eine Voraussetzung für Selbstdisziplin. Wer sich instinktiv

wünscht, dass sich der Erfolg ohne Anstrengung einstellt, hat nicht verstanden, dass die Befriedigung gerade im Überwinden von Schwierigkeiten liegt: Sich anzustrengen und die eigene Trägheit zu überwinden, ist die Voraussetzung für alle weiteren Eigenschaften auf dem Weg des Meisters und damit auch für dauerhafte Zufriedenheit.

Gibt man seinem Impuls nach sofortigem Spaß immer nach, trainiert man meist zu wenig. Auch wird man bei den seltenen Trainingseinheiten seinen Schwung viel zu langsam verbessern, weil man die damit verbundenen Rückschritte nicht akzeptieren will, die vorübergehend auftreten können. Solche Spieler üben immer nur das, was sie bereits können. Sie wollen sich gut fühlen, und zwar gleich. Aber die Suche nach sofortiger Befriedigung wird am Ende immer fehlschlagen. Nur wer genügend Selbstdisziplin aufbringt, kann sein Potenzial ausschöpfen und erfährt letztlich viel größere Freude, als bei der Suche nach sofortiger Befriedigung.

Zur Selbstdisziplin gehört auch Beharrlichkeit: Das ist die Fähigkeit, z. B. lange Phasen der Stagnation und Niederlagen ertragen zu können. Die heutige Umwelt fördert jedoch eher Ungeduld und Versäumnisangst. Unser Alltag bietet eine nahezu endlose Fülle verlockender Möglichkeiten; unsere Lebensspanne erscheint im Vergleich dazu lächerlich kurz. Wer wundert sich noch, wenn wir ständig fürchten, etwas zu versäumen? Das drohende Missverhältnis zwischen den ergriffenen und den versäumten Gelegenheiten treibt uns in einen aussichtslosen Wettlauf mit der Zeit. Was dem Leben an Länge fehlt, kann scheinbar nur durch Schnelligkeit wettgemacht werden. Wir wissen, dass wir nicht alle Möglichkeiten ausschöpfen können, doch solange wir eine Chance sehen, durch stetige Erhöhung des Lebenstempos die Ausbeute zu erhöhen, versuchen wir zumindest, mit den genutzten Gelegenheiten die verpassten in den Schatten zu stellen. Wir werden zu Trophäensammlern. Die Welt steht zur Erledigung an. Je weniger Aufwand und Zeit ein Erlebnis erfordert und je intensiver dieses Erlebnis ist, desto besser.

Befassen wir uns für einen Moment mit Leistungskurven, um diesen Beschleunigungswahn als Irrweg zu entlarven: Es wäre schön, wenn die Leistungen immer

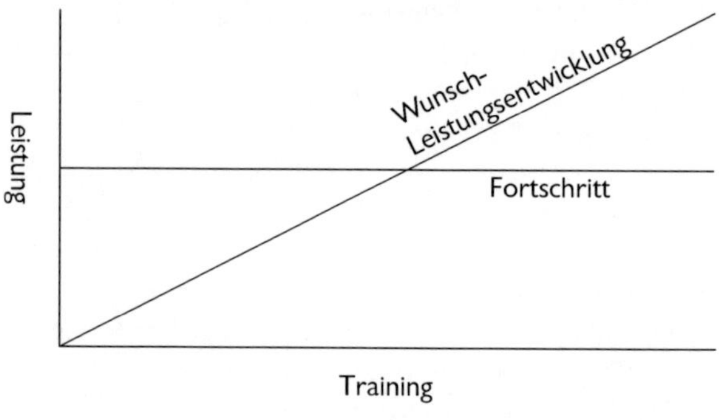

Abb. 3: Wunsch-Leistungsentwicklung

proportional zum Training anstiegen und sich – wie in Abbildung 3 gezeigt – ein konstanter Fortschritt einstellen würde. Die dargestellte Entwicklung der Leistung entspricht einem meist unbewussten Wunschdenken: „Meine Leistungen verbessern sich entsprechend meinem Trainingseinsatz und ich mache beständige Fortschritte."

Die Wirklichkeit sieht anders aus: Zu Anfang macht man die größten Fortschritte – die Leistung steigt schnell an. Je besser man jedoch wird, desto schwieriger lässt sich die Leistung steigern und desto geringer werden die Fortschritte. Das zeigt die so genannte idealtypische Leistungskurve in Abbildung 4.
Doch auch diese idealtypische Leistungskurve entspricht noch nicht der Realität: weder Stagnation noch

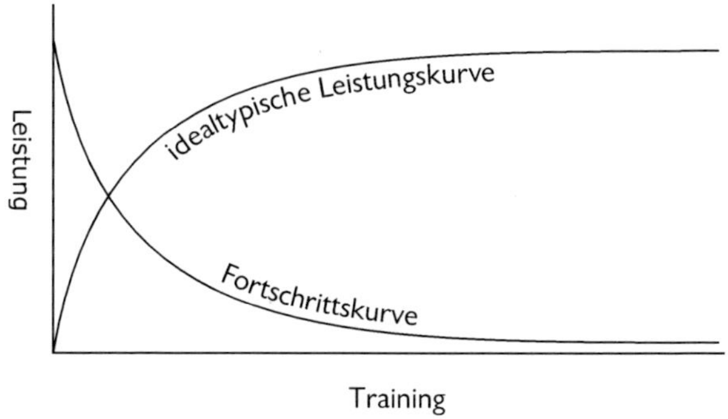

Abb. 4: Die idealtypische Leistungskurve

Rückschritte werden berücksichtigt. Beim Erlernen von Fertigkeiten findet man typischerweise kurze Phasen des Fortschritts, denen meist ein Abfallen auf ein Plateau folgt, das heißt, eine Phase der Stagnation. Insgesamt steigt die Leistung leicht an, aber die Perioden des Rückschritts bleiben. Fort- und Rückschritte werden im Laufe der Zeit immer kleiner und die Plateaus immer länger. Das verdeutlicht Abbildung 5:

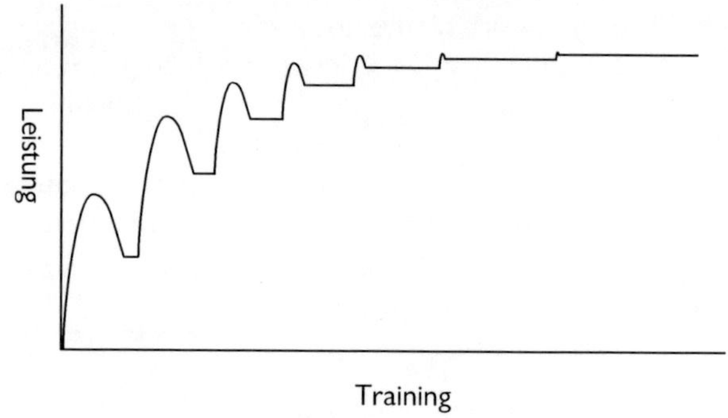

Abb. 5: Die idealisierte realistische Leistungskurve

Natürlich handelt es sich auch hier immer noch um eine idealisierte Darstellung, aber sie kommt der Realität schon näher. Man muss sich beim Sport – und besonders beim Golf – also damit abfinden, dass sich die Leistungen nicht ständig verbessern können. Es wird immer kurze Zeiten der Verschlechterung und lange Zeiten der Stagnation geben.

Diese Phasen können jedoch durch das Wissen erleichtert werden, dass man beim Lernprozess immer wieder vier Stufen durchläuft: Zu Anfang ist man völlig unbedarft und hat vielleicht bemerkenswerte Erfolge (wird fälschlicherweise oft als Anfängerglück bezeichnet); man ist auf dieser ersten Stufe *unbewusst inkompetent.* Mit dem ersten Nachdenken über die Bewegung bleiben die Erfolge jedoch oft aus. Man ist dann auf der zweiten Stufe, der *bewussten Inkompetenz;* man weiß, wie man es machen müsste, beherrscht es aber noch nicht. Erst nach intensivem Training kann man die Bewegung bei voller Konzentration richtig ausführen. Jetzt ist man *bewusst kompetent* (dritte Stufe). Die Leistungen sind hier schon besser als in der bewussten Inkompetenz, doch das Ziel ist erst erreicht, wenn man die richtige Bewegung unbewusst ausführen kann und das Stadium der *unbewussten Kompetenz* erreicht hat: Jetzt ist man auf der vierten Stufe und wird bestmögliche Leistungen erzielen, weil man sich ganz auf die Spieltaktik konzentrieren und seine Schläge nach den taktischen Erfordernissen variieren kann. In der Phase der unbewussten Kompetenz hat man die Chance, in einen Zustand der Selbstvergessenheit zu geraten, in dem alle Bewegungen von alleine fließen. Man geht vollständig in der Aufgabe auf und denkt nicht an Erfolg oder Misserfolg. Die Bewegungen werden automatisch, rund und harmonisch vollzogen. Diese vier Stufen der Kompetenz zeigt die Abbildung 6 auf der nächsten Seite:

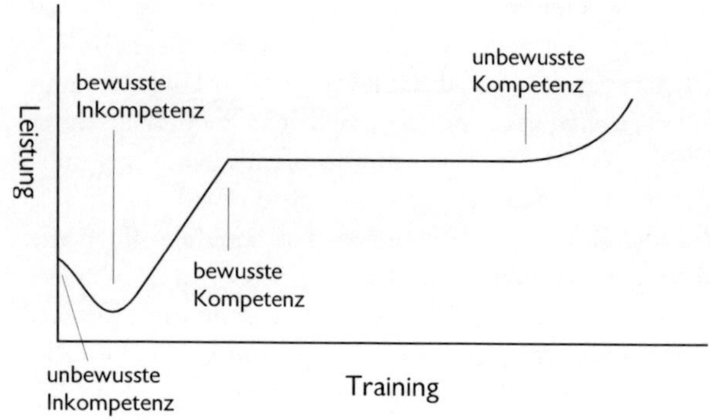

Abb. 6: Die vier Stufen der Kompetenz

Diese vier Stufen durchläuft man jedoch nicht nur beim Golfschwung, sondern auch in dessen Teilbereichen. Bei allen Details des Griffes, der Haltung und des Schwunges muss man von der unbewussten Inkompetenz zur unbewussten Kompetenz gelangen. So erklärt sich die schwankende Gesamtleistungskurve aus Abbildung 5.

Die Modelle zeigen deutlich: Nicht nur bei Fortschritten entwickelt man sich weiter, sondern auch, wenn sich scheinbar nichts tut und sogar bei Rückschritten und. So fällt es leichter, auch die Phasen ohne Verbesserung zu schätzen. Unzählige Spieler hoffen jedoch jeden Tag aufs Neue, dass sie das „Geheimnis" für ihren Schwung entdecken und über Nacht erfolgreich werden. Auf diese Weise besteht ihr seltenes

Training meist aus der vergeblichen Suche nach einem kleinen Trick, der den großen Erfolg bringen soll.

In der Zen-Philosophie heißt es jedoch: Übe nicht, um etwas zu erreichen oder besser zu werden, sondern übe um seiner selbst willen. Das Üben und die Leistungsplateaus zu schätzen heißt, das genießen, was am dauerhaftesten ist. Die Abwechslung zwischen Höhen und Tiefen sowie Phasen der Stagnation kennzeichnen das Golfspiel, aber auch den Alltag. Eine endlose Aneinanderreihung von Höhepunkten, wie es uns manchmal vorgegaukelt wird, kann es im wirklichen Leben nicht geben – und beim Golf schon gar nicht. Liebt man die Übung, ergibt sich der Erfolg als Nebenprodukt. Menschen, die nur des Ruhmes oder der Trophäe wegen trainieren, werden nie ihr Potenzial ausschöpfen. Dazu gibt es eine schöne Geschichte:

> Der junge Matajuro machte sich auf den langen Weg zu einem großen Meister der Schwertkunst. Als er den Meister fand und darum bat, sein Schüler zu werden, erklärte ihm dieser, dass er ihn als Schüler nicht annehmen würde, da er zahlreiche Voraussetzungen nicht erfüllte. Aber Matajuro gab nicht auf: „Wenn ich ganz hart an mir arbeite und Eure Weisungen aufs Genaueste befolge, wie lange wird es dann dauern, bis ich die Meisterschaft erreiche?“ „Zehn Jahre“, sagte der Meister. „So lange kann ich nicht warten. Meine Eltern haben wenig Geld und ich muss so bald wie möglich wieder nach Hause, um auf dem Feld mitzuarbeiten.

Wenn ich mich noch mehr bemühe und noch härter arbeite, wie lange dauert es dann?" „Dreißig Jahre", antwortete der Meister. „Das kann doch nicht sein", empörte sich Matajuro. „Zuerst sagt Ihr zehn, dann dreißig Jahre. Ich will es noch einmal wiederholen. Wenn ich Tag und Nacht arbeite und keine Mühe scheue, um diese Kunst so schnell wie möglich zu lernen, wie lange werde ich dann brauchen?"
„Siebzig Jahre", war die Antwort des Meisters, „denn mit so viel Eile lernt man nur langsam." Endlich verstand Matajuro. Er legte seine Ungeduld ab und verzichtete auf Zeitangaben. „Ich bin einverstanden", sagte er und der Meister nahm ihn als Schüler an. Doch zugleich forderte der Meister ihn auf, niemals vom Schwertkampf zu reden und auch kein Schwert anzufassen. Mehrere Jahre stellte der Meister auf diese Weise die Geduld des jungen Mannes auf die Probe. Er musste kochen, im Garten arbeiten und Holz sammeln. Es gab weder Schwertübungen, noch wurde über das Kämpfen gesprochen. Matajuro war enttäuscht. „Wie sollte er so die Schwertkunst erlernen?" Doch er hielt sein Versprechen und zügelte seine Wünsche.
Eines Tages, als er im Garten arbeitete, schlich sich der Meister von hinten an ihn heran und versetzte ihm einen fürchterlichen Schlag mit dem Holzschwert. An den darauf folgenden Tagen geschah das Gleiche. Matajuro konnte sich keinen Augenblick mehr sicher fühlen. Der Meister ver-

> folgte ihn Tag und Nacht und jedes Mal wenn er nicht aufpasste, bekam er des Meisters Holzschwert zu spüren. Er lernte, auf alles in seiner Umgebung zu achten, aufmerksam und wach zu sein. Nachdem er seine Wünsche abgelegt, seine Ungeduld gezügelt und gelernt hatte, in jedem Augenblick wachsam zu sein, begann der Meister, ihn in der Schwertkunst zu unterrichten. Bald darauf wurde Matajuro zum größten Schwertkämpfer des Landes.[6]

Es ist schon paradox, wie wenig Freude wir während des Spiels aus unserem Sport ziehen. Auf dem Golfplatz sieht man statt entspannten Gesichtern verkrampfte, statt Bekundungen der Freude vernimmt man Flüche und hin und wieder fliegen Schläger weiter als Bälle. Bezeichnend ist auch das unbeschreibliche Maß an Selbstmitleid, das uns überkommt, wenn das Bällchen einmal nicht so fliegt, wie wir es gerne hätten. Man könnte meinen, wir spielten Golf gar nicht zum Spaß. Doch selbst Professionals müssen sich vor überzogenem Leistungsdenken in Acht nehmen: wenn der Spaß an der Sache und an der persönlichen Weiterentwicklung in den Hintergrund rückt, drohen Verkrampfung und Enttäuschung.

Sobald wir nicht nur verstehen, dass das Golfspiel schwierig ist, sondern diese Erkenntnis auch wirklich annehmen, wird es schon einfacher. Um die nötige Gelassenheit zu erlangen, muss man erkennen, dass kein Training und keine Runde leidlos verläuft. Aus übertriebener Erwartungshaltung, Unzufriedenheit, Mäkelei oder demonstrativer Leidenshaltung spricht die Überzeugung, uneingeschränkte Befriedigung beim Golf sei nicht nur möglich, sondern das eigentlich Normale. Golf besteht jedoch aus einer Aneinanderreihung von Problemen – und genau in diesem Prozess, Problemen zu begegnen und sie zu lösen, liegt der Reiz. Nur Probleme bieten die Chance, zu lernen und zu wachsen. Es geht auch nicht darum, negative Gefühle zu verdrängen, sondern sie als Möglichkeit willkommen zu heißen, Geduld und Gelassenheit angesichts unangenehmer Situationen zu üben. Eitelkeit, übertriebener Ehrgeiz und die Neigung, rasch vorübergehende Gefühlsreaktionen überzubewerten, lassen sich nur durch geduldiges Üben beherrschen.

Wer leidvolle Aspekte beim Golfspiel als gegeben akzeptiert und nicht mehr in Selbstmitleid verfällt, wird glücklicher sein als jemand, der der Illusion ständiger Zufriedenheit nachjagt. Die Suche nach einem Geheimnis ist beispielsweise verschwendete Zeit und nur der unbewusste Versuch, der Schwierigkeit des Spiels auszuweichen. Auch der Irrglaube, die Befriedigung steige mit sinkender Vorgabe, wird oft erst unnötig spät abgelegt. Die Faszination des Golfspiels liegt gerade darin, dass man es nie beherrschen wird.

Das Golfspiel kann also helfen, die Gefahren der Verwöhnung zu durchschauen und die viel befriedigendere Alternative (Anstrengung mit Lust) zu entdecken. Wenn ein Kind einen Luftschlag macht, lacht es – ein

Erwachsener, dem das Gleiche passiert, dreht sich sofort um, aus Angst, jemand könnte sein Missgeschick gesehen haben. Dass man das Spiel hin und wieder im Griff zu haben scheint, um sich im nächsten Moment wie ein absoluter Anfänger anzustellen, muss man mit Humor nehmen, will man nicht verzweifeln oder sich lächerlich machen.

Die Reife eines Golfspielers lässt sich nicht an seinem Handicap ablesen, sondern an seiner Gelassenheit in schwierigen Zeiten und ob sein Spaß von Resultaten unabhängig ist. Jede Golfrunde wird damit zu einem Selbstportrait.

Offenheit und Mut

Der Weg des Meisters erfordert Offenheit, um die eigenen Grenzen zu überschreiten, und den Mut, Misserfolge zu riskieren. Fortschritt ohne Risiko gibt es beim Golf genauso wenig wie anderswo. Weit verbreitet jedoch ist stattdessen die Haltung, in der das Motto zu dominieren scheint: „Versuche es lieber hundertmal auf die gleiche Art, bevor du dir eine Alternative überlegst." Albert Einstein hat in diesem Zusammenhang einmal geschrieben: *„Irrsinn entsteht, wenn man immer das Gleiche tut, aber andere Ergebnisse erwartet."* Hierzu gibt es interessante Neuigkeiten:

Verhaltensforscher wurden vor Kurzem mit einer Untersuchung beauftragt: Es galt den Unterschied zwischen Ratten und Menschen herauszufinden. Die Forscher entwickelten ein Experiment, bei dem Menschen und Ratten ein Labyrinth zu durchlaufen hatten. Als Lohn für eine erfolgreiche Bewältigung gab es für die Ratten Käse und für die Menschen eine größere Geldsumme. Der Unterschied der beiden Versuchsgruppen war gering: Die Ratten brauchten nur etwas länger als die Menschen, um in die Mitte des Labyrinths zu gelangen. Interessant wurde es, als die Belohnungen entfielen: Nach einer gewissen

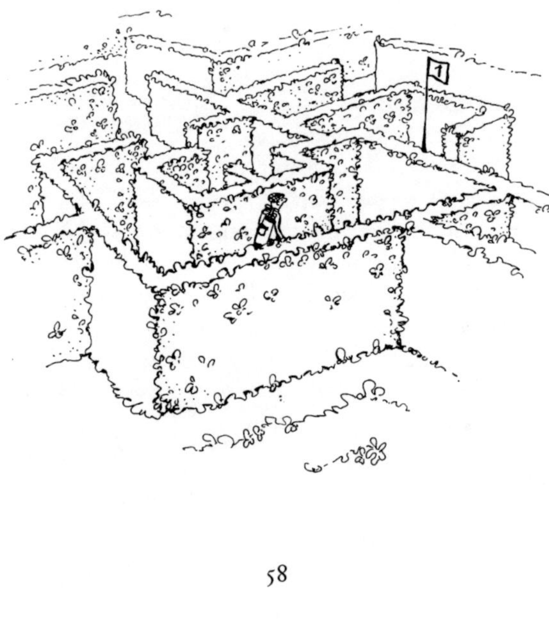

Zeit hörten die Ratten auf, das Labyrinth zu durchlaufen. Die Menschen jedoch hörten nicht auf: Noch immer gibt es nachts Einbrüche in das Laboratorium!

Unsere unangebrachte Sturheit zeigt sich z. B. auch im Alltag immer dann, wenn wir unsere Schlüssel suchen: Die Suche besteht daraus, immer wieder an den gleichen Stellen nachzusehen. Sind alle plausiblen Möglichkeiten ausgeschöpft, wird blind wiederholt, was beim letzten Mal geklappt hat – selbst wenn es noch so unvernünftig erscheint. Dieselben Taschen werden zigmal durchsucht. Bestimmte Schubladen werden mehrfach völlig ausgeräumt und wenn auch das ergebnislos verläuft, fahren wir mit der Hand in der Schublade herum, als erwarteten wir, dass sich ein Geheimfach öffne und die Schlüssel freigäbe. Systematisches Suchen, bei dem man in Ruhe einen Ort nach dem anderen absucht und dabei auch richtig hinschaut, scheint uns zu überfordern.

Woher kommt dieses extreme Festhalten an Gewohnheiten? Der Körper wehrt sich „von Haus" aus gegen Veränderungen. Die Mediziner nennen das Homöostase. Dabei ist es einerlei, ob es sich um Veränderungen zum Guten handelt oder zum Schlechten. Sollten Sie beispielsweise zwanzig Jahre keinen Sport getrieben haben und sich dann zum Joggen aufraffen, ist das für Ihren Körper sicherlich nützlich. Die ersten Schritte werden auch noch Spaß machen, danach wird

Ihnen aber schwindelig und übel. Sie geraten in Atemnot, verspüren Stiche in der Brust und erhalten weitere Zeichen Ihres Körpers, damit Sie aufhören, den gewohnten Zustand zu verändern. Aber nicht nur Ihre eigene Trägheit wird Ihnen jede Änderung erschweren, auch die Umwelt „leistet" hierzu einen Beitrag: Sobald Sie in Ihrem Leben etwas verändern wollen, werden Sie auf viele bewusste und unbewusste Widerstände Ihrer Familie und Freunde treffen. Oft steckt dahinter nur das schlechte Gewissen, man selber sollte eigentlich genauso handeln. Doch wenn man an dem veränderten Verhalten des anderen nichts auszusetzen hätte, müsste man sich ja selber zu einer Änderung aufraffen oder sich den Vorwurf der Inkonsequenz gefallen lassen.

Mit dem Erkennen dieser Einflüsse wird es jedoch schon leichter, auf dem Weg des Meisters zu bleiben. Das regelmäßige Üben, besonders das ohne erkennbaren Fortschritt, scheint zunächst einmal lästig. Aber irgendwann kommt der Tag, an dem das Üben zu einem nicht mehr wegzudenkenden Teil des Lebens wird. Man gibt sich der Übung auf die gleiche Weise hin, wie man sich gedankenverloren in seinen Lieblingssessel setzt und die Zeit um sich herum vergisst. Sobald man dieses Stadium erreicht hat, ist der Widerstand gegen Veränderung sogar von Vorteil: jetzt sorgen Gewohnheit und Mitmenschen für ein Verbleiben auf dem richtigen Weg.

Drittes Kapitel: Selbsterkenntnis

Selbsterkenntnis heißt, sich möglichst bewusst darüber zu werden, was in der eigenen Psyche vorgeht, statt immer mehr ins Unbewusste abzudrängen, um kurzfristigen Schmerz zu vermeiden. Selbstdisziplin sowie Offenheit und Mut sind deshalb Voraussetzungen für Selbsterkenntnis: Derjenige, der sich selbst belügt, opfert seine langfristige psychische Gesundheit einem kurzfristig angenehmeren Gefühl. Ein Beispiel hierfür sind Golfer, die nach schlechten Starts grundsätzlich innerlich aufgeben und ohne Anstrengung nur noch zu Ende spielen. Ihr katastrophales Ergebnis können sie dann damit rechtfertigen, nicht alles gegeben zu haben. Innerlich aufrichtige Menschen suchen nicht nach solchen geistigen Schlupflöchern, sondern wollen um jeden Preis ihren tatsächlichen Leistungsstand erfahren.

Selbsterkenntnis macht uns Angst, denn wir befürchten, das schonungslose Spiegelbild könnte offenbaren, dass wir weder so klug, so schön, noch so liebenswert sind, wie wir immer gedacht haben. Unsere Angst verstecken wir dann hinter Aussagen wie: „Ich wehre mich nicht gegen Selbsterkenntnis, aber ich will mir auch nichts einreden lassen!“ Aber auch derjenige, der sich angeblich nichts einreden lassen will, spürt, dass er seine Selbstsicherheit oft nur vortäuscht. Erst wer seine Schwächen erkannt hat und daran arbeitet, kann wirklich selbstsicher werden. Es kann viel Unangenehmes aufgedeckt werden, sobald Unbewusstes bewusst wird. Doch so viel gibt es nicht zu verlieren: die dauernde Flucht vor Selbsterkenntnis verursacht auf lange Sicht nur größeres Leid als das Erkennen und Überwinden der eigenen Schwächen.

„Ich glaube, mein Ball hat eine Phobie vor kurzem Gras und kleinen schwarzen Löchern."

Für das Golfspiel ist der Umgang mit dem Bindungstrieb wichtig: In dem redlichen Wunsch nach befriedigenden Freundschaften stellen wir uns oft ungeschickt an. Wir versuchen unsere Schwächen zu kaschieren und durch Leistungen zu beeindrucken. Da wir Angst haben, die anderen würden uns ablehnen, wenn sie unsere Fehler sähen, spielen wir ständig eine Rolle und versuchen, hinter einer Maske unser wahres Ich zu verbergen. So entsteht die dauernde Angst, unsere Maske könnte verrutschen oder sogar von einem anderen heruntergerissen werden. Tatsächlich würde unsere wahre Persönlichkeit auf mehr Liebe stoßen als unsere gespielte Erhabenheit, die künstliche Heiterkeit oder der ohnehin nur aus Unsicherheit geborene Spott. Und selbst wenn die Maske nicht als solche erkannt wird, verfehlt man das Ziel, von den anderen geachtet zu werden, da ja nur die Maske bewundert wird. Auch wer mehr leistet, wird dadurch nicht mehr geliebt; bessere Leistungen fordern eher Neid heraus. Das Gegenüber will dann meist zeigen, dass es sich nicht beeindrucken lässt und so entsteht ein endloser Wettbewerb, der nicht von Achtung, sondern von Missgunst gekennzeichnet ist.

Was kann man also tun? Statt fortwährend unsere Fassade zu polieren, sollten wir erkennen, dass man Freunde am besten gewinnt, indem man sich öffnet, auch Schwächen eingesteht und sich mehr aufs Helfen und Geben konzentriert, statt aufs Eindruckschinden. Ziel ist also, sich Unbewusstes – so weit es geht – bewusst zu machen, egal wie schmerzhaft das ist.

Beim Golfspiel sind wir wahrscheinlich noch empfänglicher für das psychische Schmerzmittel des Selbstbetruges, weil die Schwierigkeit des Spiels unsere Leidensfähigkeit oft übersteigt. Die folgenden Beispiele sollen zeigen, wie oft wir uns bei diesem Sport selbst betrügen:

- Eine besonders etablierte und inzwischen auch von Golfern gebilligte Form des Selbstbetruges ist der Mulligan. Misslingt der erste Abschlag, sagt man einfach „Mulligan“ und schlägt einen zweiten Ball. Nach der Runde hat man längst vergessen, dass man eigentlich zwei Schläge hinzuzählen müsste und verkündet voller Stolz das geschönte Resultat.
- Völlig absurd wird es, wenn man auch provisorische Mulligans nutzt oder Mulligans außerhalb des ersten Abschlages einsetzt – so genannte Wander-Mulligans. Was ist ein provisorischer Mulligan? Misslingt der erste Abschlag und fällt dann der anschließende Mulligan noch schlechter aus, wird einfach der erste Ball weitergespielt – oft sogar mit dem guten Gewissen, keinen Mulligan in Anspruch genommen zu haben. Das ist eine noch ausgefeiltere Form des Selbstbetruges.
- Fortgeschrittene Spieler, die sich nicht mehr so offen selbst betrügen, nutzen oft eine subtilere Form des Mulligans, indem sie in Trainingsrunden nach jedem schlechten Schlag einen zweiten Ball nachschlagen. Dieser wird dann zwar nicht weitergespielt, beruhigt aber das Gewissen: Eigentlich beherrscht man diesen Schlag; aus unerklärlichen Gründen hat es sich jedoch beim ersten Versuch nicht gezeigt. Nun könnte man argumentieren, dass dieses Vorgehen für das Selbstvertrauen doch ganz nützlich sei. Doch dieser Einspruch muss abgelehnt werden: Während einer Turnierrunde kann man

„Das ist jetzt aber wirklich der allerletzte Mulligan."

schließlich auch keine Bälle nachschlagen. Man muss beim Golf lernen, schlechte Schläge zu akzeptieren. Sich im Training vorzumachen, schlechte Schläge seien unerklärliche Versehen, hilft dabei nicht. Man gaukelt sich selbst ein Können vor, das man nicht hat. Im Übrigen lässt sich das Unterbewusstsein nicht so leicht täuschen: Mit jedem Selbstbetrug reduziert man unweigerlich seine Selbstachtung. Auch der zusätzliche Übungseffekt dieser nachgeschlagenen Bälle gleicht die psychologischen Nachteile nicht aus – er ist einfach zu gering. Schlägt man beispielsweise auf einer kompletten Runde zehn Bälle nach, ist das schon viel.

Auf der Driving-Range ließe sich das Ganze nach der Runde jedoch in fünf Minuten erledigen.

– Folgende Szene haben die meisten erfahrenen Golfer schon erlebt: Das Einputten von insgesamt vier Bällen dauert ewig, die folgende Spielgruppe wartet bereits ungeduldig auf dem Fairway und der letzte Spieler schiebt seinen längeren Putt fünfzig Zentimeter hinter das Loch. Um die anderen nicht noch länger aufzuhalten, puttet er den Ball schnell von der gegenüberliegenden Seite einhändig ins Loch. Doch der Putt misslingt und er hebt den Ball, der jetzt zwanzig Zentimeter neben dem Loch liegt, auf. Auf dem Weg zum nächsten Abschlag beginnt nun sein innerer Monolog: „Hätte ich mir Zeit gelassen und den letzten Ball ‚ordentlich' geputtet, wäre er todsicher reingegangen. Ich muss den dritten Putt also nicht zählen. Im Turnier käme so etwas sowieso nie vor." Das Gewissen ist beruhigt, er zählt zwei Putts. Und am achtzehnten Loch ist auch das vergessen. Vor lauter Beschäftigung mit dem zweiten Putt hat der Spieler völlig vergessen, dass auch der dritte das Loch nie gesehen hat! „Aber über zwanzig Zentimeter brauchen wir uns doch wirklich nicht zu unterhalten", wendet er ein. Einspruch abermals abgelehnt: Der kürzeste Putt, der in einem Profiturnier konzentriert geputtet und trotzdem nicht im Loch versenkt wurde, war acht Zentimeter lang. Würden Sie Ihr Leben darauf verwetten, dass Sie eintausend Putts aus zwanzig

Zentimetern einlochen – ohne einen einzigen zu verfehlen? Aber einhändig ausgeführte Putts werden nicht erst zu einem möglichen Selbstbetrug, wenn sie misslingen: Man hat sich schon in dem Moment selbst betrogen, in dem man den Ball mit nur einer Hand puttet. Niemand macht das tatsächlich, weil er Zeit sparen will. Der Grund ist ein anderer: Man scheut das Risiko, den Ball trotz vollem Einsatz vorbeizuschieben. Puttet man nämlich einhändig, kann man nicht verlieren: Fällt der Ball ins Loch, wertet man den Putt als rechtmäßig geglückt, verfehlt er sein Ziel, kann man sagen: „Hätte ich ihn ordentlich geputtet, wäre das nie passiert!"

- Wie erklärt sich überdies, dass wir viel häufiger mit zu kurzen als mit zu langen Schlägern das Grün anspielen? Könnte es sein, dass unsere vermuteten Durchschnittsschlaglängen eher geringfügig bis stark übertriebene Maximalschlaglängen sind? Die tatsächlichen Schlaglängen wollen wir einfach nicht wahrhaben. Sie scheinen zu weit von den Forderungen unserer Eitelkeit entfernt. So lautet das Ziel an den Herrenabschlägen der meisten Par-3 Löcher nur selten: „Wer schlägt den Ball möglichst nah an die Fahne?", sondern: „Wer benutzt das kürzeste Eisen?" Vielleicht sollte man die beliebten Nearest-to-the-pin-Wettbewerbe bei Turnieren in „Shortest-used-club" umbenennen?
- Eine weitere Facette des Selbstbetruges zeigt der Umgang mit Glück und Pech: Obwohl der Pflegezu-

stand der Golfplätze jährlich steigt und der Einfluss des Zufalls somit ständig sinkt, wird er nie völlig auszuschließen sein – und das ist auch gut so. Wer jedoch nie gelernt hat, Pech zu akzeptieren, versucht sich ihm zu entziehen. Im Winter kommt das in der von St. Andrews legitimierten Form des Besserlegens zum Ausdruck. Während einer Trainingsrunde in der Saison ist es schlicht Selbstbetrug. „Ja, aber", werden Sie sagen, „wenn der Ball nach einem perfekten Drive in einem Divot landet, ist das unfair und rechtfertigt das Besserlegen." Das Besserlegen ist gerechtfertigt. Aber nur, wenn Sie Ihre in den Wald gesliceten Bälle, die auf das Fairway zurückspringen, auch wieder in den Wald werfen!

– Auch Ausreden vor anderen verwandeln sich schnell in Selbstbetrug: Ursprünglich dienen Ausreden der

Verbesserung unseres Ansehens. Habe ich nach – oder besser noch vor – einer schlechten Leistung eine glaubhafte Ausrede, erscheint die Blamage nur halb so groß. Verletzungen, Schlaf- oder Trainingsmangel, allgemeiner Stress oder der Verweis auf komplizierte Technik-Umstellungen sind da sehr beliebt. Nach einiger Zeit der konsequenten Nutzung dieser Ausreden überzeugt man sich sogar selbst. Wer Ausreden jedoch irgendwann unbewusst vorträgt, der belügt sich selber und hat die Wahrheit ins Unbewusste verdrängt.

– Nach schlechten Runden gönnen wir uns oft das Schmerzmittel mit dem Namen „gute Vorsätze". Sätze wie: „Ich muss demnächst einfach das kurze Spiel mehr üben" oder „Ich sollte mal wieder Trainerstunden nehmen" oder das ganz entschlossene „Man müsste eigentlich mal wieder was für die Kondition tun" bedeuten nur: „Eigentlich will ich gar nichts ändern, aber das möchte ich mir nicht eingestehen und deshalb berichte ich lieber ausführlich von meinen Vorhaben." Das Gewissen ist beruhigt und man kann passiv bleiben. Wer jedoch wirklich eine Trainerstunde nehmen will, der bucht sie und erzählt nicht von seinem Plan, etwas Derartiges tun zu wollen. Diejenigen, die dem Vorhaben-Erzähler zuhören, erkennen natürlich den Selbstbetrug – aber sie werden es ihm nicht sagen. Denn dann liefen sie Gefahr, zukünftig auch auf ihre eigenen Vorsatz-Bekundungen nur Schmunzeln zu ernten. Unter Golfern herrscht also ein ungeschriebenes Abkommen, nach dem Selbstbetrug gebilligt wird, denn außer dem Selbstbetrüger kommt ja niemand zu Schaden.

Zur Unterstützung der Selbsterkenntnis haben Psychologen viele Modelle zur Persönlichkeitstypisierung entwickelt. Ein Modell aus dem Sufismus, das so genannte Enneagramm, eignet sich für das Golfspiel besonders. Es unterscheidet neun verschiedene Persönlichkeiten und erklärt deren Neigungen, Stärken und Schwächen. Natürlich ist es problematisch, Menschen gewissermaßen in Schubladen zu stecken. Eine individuelle Analyse ist dem immer überlegen. Aber wahrscheinlich werden Sie die Erfahrung machen, dass Sie sich in der Beschreibung des einen oder anderen Typen sehr genau wieder finden. Den meisten fällt es relativ leicht, sich einem Typen zuzuordnen, aber natürlich gibt es auch Mischtypen. Wer genügend Mut hat, kann zusätzlich seinen Partner fragen oder seine Freunde: die haben eine objektivere Sichtweise.

Es geht hierbei nicht darum, die neun verschiedenen Typen untereinander auf ihren Wert hin zu vergleichen. Keiner der Typen ist grundsätzlich besser als ein anderer, das heißt, es handelt sich hier um eine horizontale Typologie. Die Entwicklungsstadien aus dem ersten Teil dieses Buches hingegen sind Teil einer vertikalen Typologie: Man muss die Stadien nacheinander durchlaufen. Der Sinn des Enneagramms be steht also nicht darin, seine Persönlichkeit von Grund auf zu ändern und zu einem anderen Persönlichkeitstyp zu werden. Es geht vielmehr darum, den eigenen Typ zu erkennen und sich dadurch im Rahmen seines Typs schneller weiterentwickeln zu können.

Die Beschreibung der einzelnen Typen ist verkürzt und auf das Golfspiel zugeschnitten. Wer sich für das ausführliche System interessiert, dem empfehle ich die Bücher von Don Riso.

1. Perfektionisten

Den Perfektionisten erkennt man schon, bevor er seine Runde beginnt: Er erscheint lange vor seiner Startzeit am ersten Abschlag. Er ist gut organisiert, hat also Scorekarte, Birdiekarte, Tees und Ersatzball parat. Selbstdiszipliniert hat er mindestens eine Stunde mit Aufwärmen, Dehnen und Einschlagen verbracht. Als Vernunftmensch hat er seine Gefühle relativ gut unter Kontrolle. Der Neugiertrieb ist bei Perfektionisten besonders ausgeprägt: Sie sind extrem selbstkritisch und entwickeln sich daher ständig weiter. Mit diesen Eigenschaften fällt es Perfektionisten leicht, höhere Entwicklungsstufen beim Golfspiel zu erreichen.

Ein Perfektionist kann jedoch nicht verstehen, warum nicht alle so denken wie er. Oft kritisiert er andere, die seinen Maßstäben nicht gerecht werden. Damit können nur die wenigsten umgehen und der Perfektionist bekommt schnell den Ruf eines Oberlehrers. Perfektionisten müssen also lernen, mit ihren eigenen Schwächen und denen der anderen gelassener umzugehen. Sie müssen außerdem lernen, auch dann zufrieden zu sein, wenn ihre Schläge nicht perfekt sind, sondern „nur“ gut.

Dieses Verhalten zeigen überwiegend Männer. Wer so schwer die Kontrolle aufgeben kann, wird auch nur selten Zustände der Selbstvergessenheit erleben. Der Perfektionist kann das jedoch mit Hilfe der Meditation lernen. Ein prominenter Perfektionist ist Nick Faldo.

2. Helfer
Helfer sind einfühlsam, aufrichtig, verständnisvoll und großzügig. Sie empfinden Befriedigung, wenn sie anderen uneigennützig helfen können oder sie unterstützen.

Bei ihnen ist das Ausleben des Bindungstriebes mit großer Lust verbunden. Manche Helfer können jedoch unangenehm aufdringlich sein. Sie genießen es, wenn andere von ihnen abhängig sind. Diese Samariter sorgen sich nur um andere, um sich von ihren eigenen Sorgen abzulenken. Fühlen sich andere dann zu Dank verpflichtet, nutzen solche Helfer die Gelegenheit und erzählen ausführlich von dem großen Leid, das sie beim Golfspiel ertragen müssen.

Golfspielende Helfer müssen sich fragen, ob sie diesen Sport nur jemand anderem zuliebe betreiben – eventuell sogar mit dem Hintergedanken, es dem anderen bei Gelegenheit vorzuhalten. Der Spaß am Golfspiel wäre in diesem Fall zu gering und das eigene Spiel bliebe immer Nebensache – außer, wenn es

darum geht, den anderen etwas vorzujammern und Mitleid zu erregen. Sobald Helfer jedoch aus ihrem eigenen Bedürfnis heraus Golf spielen, tun sie sich damit einen großen Gefallen. Sie sind dann die angenehmsten Mitspieler, die sich wohltuend von den restlichen Egozentrikern abheben.

3. Macher

Macher sind selbstbewusste, ehrgeizige Menschen. Sie erledigen ihre Aufgaben zielstrebig und effizient. Mit ihrer Konsequenz können sie in ihrem Beruf und beim Golf viel erreichen. Macher tendieren leider auch oft zu Selbstverliebtheit und Konkurrenzdenken. Ihnen ist es sehr wichtig, von anderen als toller Golfspieler eingeschätzt zu werden. Um ihren stark ausgeprägten Aggressionstrieb zu befriedigen, machen einige Macher sogar andere schlecht, nur um selber besser dazustehen. Diese Golfer (meist Männer) sollten sich deshalb mehr um ihre Selbstachtung kümmern, als um die Achtung der anderen. So würden sie auch seltener den Vorwurf bekommen, zu wenig Einfühlungsvermögen zu besitzen.

Auf Golfplätzen trifft man viele Macher, denn sie erachten das Golfspiel als besonders geeignet, um sich zu präsentieren. Außerdem finden Macher es reizvoll, mit ihrem Handicap die eigene Leistungsfähigkeit zweifelsfrei dokumentieren zu können. Bei dem Versuch des Machers, schnelle Erfolge mit der Brechstange zu erzwingen, bleibt seine langfristige Verbesserung

oft auf der Strecke. Der anfängliche große Aufwand, den sie betreiben, kann nicht aufrechterhalten werden, geschweige denn intensiviert. Beim Erwerb einer neuen Fertigkeit ist aber ein gewisses Maß an Demut notwendig; man wird sich hin und wieder furchtbar ungeschickt vorkommen. Ein Anfänger, der unablässig um sein Erscheinungsbild besorgt ist, hemmt nur seinen Lernerfolg. Es ist aber normal, dass die ersten Kopfsprünge Bauchplatscher und die ersten Drives Hacker werden. Fehlschläge werden zwangsläufig auch die Aufmerksamkeit anderer auf sich ziehen. Zu einem Meister wird der Macher erst, wenn er bereit ist, etwas zu versuchen, ohne Scham zu scheitern und es erneut zu versuchen – sein Leben lang. Sobald Macher selbstbestimmter werden und sich weniger von ihrem Wunsch nach Anerkennung leiten lassen, können sie beim Golf viel Spaß und Erfolg haben.

4. Künstler

Künstler sind leidenschaftlich, individualistisch, gefühlsbetont und kreativ. Sie golfen gern allein, sind Mitspielern gegenüber aufrichtig und sich selber treu. Künstler werden vom Neugiertrieb geleitet und wollen ihre Kreativität ausleben. Viele haben beim Golfspiel mit mangelndem Selbstvertrauen zu kämpfen. Und auch im „Clubleben“ fühlen sie sich schnell als Außenseiter. Wenn Träume unerfüllt bleiben, werden sie von Gefühlen der Sinnlosigkeit überfallen. Künstler müssen daher lernen, sich nicht mit ihren Gefühlen zu identifizieren und ihr gelegentliches Selbstmitleid zu kontrollieren. Lange Selbstgespräche beim Golfspielen mit negativem Inhalt helfen da wenig. Sie müssen außerdem erkennen, dass sie nicht immer auf ihr Schwunggefühl und ihre Bestform warten können. Stattdessen sollten sie

sich häufiger in Selbstdisziplin üben und etwas dafür tun, dass ihre Bälle besser fliegen oder rollen. Künstler nutzen das Golfspiel oft als Mittel zur Selbstfindung; sie bekommen außerdem die Gelegenheit, bei Turnieren zwanglos Kontakte zu knüpfen. Unter den Golfstars entspricht Severiano Ballesteros dem Typ des Künstlers am ehesten.

5. Denker
Denker sind intelligent, extrem wissbegierig und entwickeln beim Golfspiel über alles und jeden Theorien. Sie werden hauptsächlich vom Neugiertrieb geleitet. Sie verlieren sich oft in der Golftechnik und wirken auf andere bisweilen abgehoben. Denker dürfen keinesfalls der Versuchung erliegen, die Realität ihren Theorien anzupassen. Ein Extremfall des Denkers ist der schusselige Professor: er drückt sich unverständlich aus, benimmt sich eigenartig, spricht mit sich selbst und achtet nicht auf seine äußere Erscheinung. So verwundert es nicht, wenn einige Denker ein gestörtes Verhältnis zu ihren Mitmenschen haben. Denker werden von der Komplexität des Golfspiels angezogen. In ihnen erwacht der Wissenschaftler, der das Spiel vollständig begreifen will. Aus diesem Grund üben Denker lieber als zu spielen. Wollen sie Erfolg haben, dürfen sie jedoch nicht vergessen, dass das Spielen auf dem Platz aus dem Anwenden der erworbenen Kenntnisse besteht – und nicht aus ständigem Experimentieren. Genau wie die Perfektionisten können sich

Denker nur selten von der bewussten Kontrolle lösen und kommen daher viel zu selten in Zustände der Selbstvergessenheit. Auch ihnen hilft deshalb Meditation als Entspannungstechnik: Hier kann man lernen, den Verstand einmal bewusst auszuschalten. Ein prominenter Denker war Ben Hogan.

6. Loyale

Loyale sind treu, liebenswert, pflichtbewusst, zuverlässig und kooperativ. Der Bindungstrieb ist bei ihnen stark ausgeprägt. Manche Loyale tendieren auch zu Unentschlossenheit und Widersprüchlichkeit; sie haben ein Problem mit der Selbstverantwortung. Beim Golf suchen sie sich Vorbilder, denen sie kritiklos nacheifern. So versuchen sie, ihre Minderwertigkeitsgefühle zu verbergen. Um von anderen geachtet zu werden, müssen sie häufiger selbstbewusst Verantwortung übernehmen, statt sich einzuschmeicheln. Das fällt natürlich schwer, wenn Neugier- und Aggressionstrieb im Vergleich zum Bindungstrieb unterentwickelt sind.

Loyale, die leistungsorientiert Golf spielen, haben oft mit einem Problem zu kämpfen: Die nette Unterhaltung mit ihren Mitspielern macht ihnen so großen Spaß, dass sie darüber das konzentrierte Golfspielen manchmal vergessen. Doch selbst wenn sie in solchen Runden weit unter ihren Möglichkeiten bleiben, sind sie nicht unzufrieden; sie hatten ja einen so harmonischen Flight und haben sich bestens unterhalten. Es fällt zwar schwer, darin ein Problem zu sehen, doch werden Loyale noch größere Befriedigung empfinden, wenn es ihnen gelingt, immer wieder von der netten Unterhaltung auf konzentriertes Golfspiel umzuschalten und dies nicht als Unhöflichkeit ihren Mitspielern gegenüber zu werten. Loyale nehmen sich zum Beispiel oft nicht genügend Zeit für ihre Schläge, weil sie fürchten, die anderen damit nur aufzuhalten; aus dem gleichen Grund suchen sie auch ungern lange nach

ihrem Ball. Es ist jedoch Unsinn, sich selbst nicht den gleichen Respekt einzuräumen wie den Mitspielern.

Bei taktischen Entscheidungen auf dem Golfplatz profitieren Loyale von ihrer Vorsicht: Sie versuchen keine sinnlosen Schläge und wählen meist die sicherste Alternative. Ihre permanenten Sorgen und Selbstzweifel sind nach der Schlagplanung jedoch eher hinderlich. Oft haben sie auch Schwierigkeiten, ihren eigenen Weg zu finden, weil sie zu vielen Leuten zuhören. Unter den Tourspielern sind Ian Baker-Finch und Sandy Lyle als Loyale bekannt.

7. Genießer

Genießer sind aufgeschlossen und begeisterungsfähig, vielseitig begabt und lebensbejahend. Sie werden von allen fünf Trieben gleichermaßen geleitet. Genießer sind aber auch anfällig für Genuss-Sucht, Oberflächlichkeit, Flatterhaftigkeit und Ungeduld. Diese Eigenschaften wiederum machen sie zu anfälligen Kandidaten der Verwöhnung. Das Golfspiel kann dann schnell enttäuschend werden.

Genießer gehen mit enormer Begeisterung an einen neuen Sport, wie z.B. Golf, heran: Sie kaufen sich die bestmögliche Ausrüstung, lernen im Nu die Fachsprache und versuchen jeden davon zu überzeugen, wie toll ihr neuer Sport ist. Kommen sie jedoch zum ersten Mal in eine Phase des Rückschritts, besteht die große Gefahr, dass sie jegliche Lust verlieren. Leistungsplateaus werden nur ungern akzeptiert. Schnell kommen einige zu dem Schluss, dass diese Sportart wohl doch nicht das Richtige für sie sei; und dann ist ihnen jede Ausrede willkommen: „Golf ist nicht anstrengend genug. Die Golfer sind mir zu snobistisch. Es fehlt mir an Herausforderung“ und Ähnliches. Oft „flüchtet“ der vielseitige Genießer dann in eine neue Sportart – und der gleiche Prozess beginnt von vorn.

Gerade beim Golfspielen mit seinen langen Plateaus und vielen Phasen des Rückschritts ist Selbstdisziplin gefragt. Vielseitige Genießer können hier lernen, einer Aufgabe ungeteilte und langanhaltende Aufmerksamkeit zu widmen. Auf diese Weise wird die Lust zum Begleiter, statt zum Führer. Ein sicherlich fortgeschrittener Genießer unter den bekannten Golfspielern ist Greg Norman.

8. Führer
Führer sind selbstbewusst, selbstständig, lieben Herausforderungen und treffen gerne Entscheidungen. Manche Führer sind aber auch anmaßend, riskieren zu viel, um sich zu beweisen und wollen alles beherrschen oder kaufen. Sie sind egoistisch, stur, herrisch, prahlerisch, streitlustig und überschätzen sich gerne. Einige Führer neigen beim Golf zu ausgesprochener Aggressivität und sogar zum Betrügen. Genau wie bei Machern steht bei Führern der Aggressionstrieb im Vordergrund. Macher werden durch das potentielle Ansehen motiviert, Führer eher durch die potentielle Macht.

Führer müssen lernen, die Rechte anderer zu achten, maßvoll zu handeln, auch auf andere zu hören und nicht nur Unterwürfige um sich zu scharen. Beim Golf haben Führer damit zu kämpfen, dass sie nicht

gleich alles unter Kontrolle bekommen und wie alle anderen unten anfangen müssen. Sie lieben zwar die Herausforderung, wenn ihnen jedoch das koordinative Talent fehlt, wird das Golfspiel für sie zu einer wahren Prüfung. Ihre Machtposition im Berufsleben nützt ihnen dann wenig, denn auf dem ersten Abschlag sind alle Menschen gleich. Wenn Führer die zahlreichen Möglichkeiten des Wachstums beim Golfspiel annehmen, können sie charakterlich besonders davon profitieren. Als Mittel, um ihre schnelle Reizbarkeit und Aggressivität unter Kontrolle zu bringen, hilft auch ihnen die Meditation.

9. Vermittler

Vermittler sind friedliebend, selbstlos, gelassen und sanftmütig. Sie sind einfühlsam, können gut zuhören und wirken deshalb auf ihre Mitmenschen beruhigend. Genau wie bei Helfern und Loyalen ist ihr Bindungstrieb besonders ausgeprägt. Vermittler neigen jedoch auch zur Unterwürfigkeit, wollen Erwartungen entsprechen und leben oft nur durch andere. Meist fürchten sie sich vor Veränderungen sowie Druck und verdrängen oder beschönigen Konflikte und Probleme. Auf dem Golfplatz wirken sie hin und wieder unaufmerksam, gehemmt und hilflos. Manche Vermittler sind so entscheidungsschwach, dass sie es sogar anderen überlassen, wichtigste Entscheidungen für sie zu treffen. Sie ordnen sich jedem unter und stimmen jedem zu, nur um Konflikte zu vermeiden. Allmählich verfallen sie in tief greifenden Fatalismus; in ihrer absoluten Gleichgültigkeit empfinden sie weder Wut noch Freude.

Beim Golfspiel neigen wenig entwickelte Vermittler dazu, sich mit dem Erreichen der Platzreife zufrieden zu geben: Es mangelt ihnen an Selbstdisziplin und sie sind koordinativ oft nur unterdurchschnittlich begabt. Als Mitspieler suchen sie sich meist andere Phlegmatiker auf gleichem Niveau. Auch wenn Vermittler durch ihre Gelassenheit zufriedener erscheinen als andere, kommen sie nie in den Genuss, auf dem Weg des Meisters ihr Potenzial voll auszuschöpfen. Gelassenheit bei halbherzigem Einsatz zu bewahren, ist nicht schwierig. Vermittler entwickeln sich weiter, wenn sie lernen, sie selbst zu sein, geistig und gefühlsmäßig wacher zu werden, sich ihre Gefühle einzugestehen und sie nicht

um des Friedens willen zu unterdrücken. Sie sollten sich trauen, über ihre Angst zu sprechen und mit Hilfe eines regelmäßigen Körpertrainings ihre Empfindungen bewusster wahrzunehmen und ihre Koordination zu verbessern.

Viertes Kapitel: Selbstverantwortung

Selbstverantwortung bedeutet, sich als Gestalter der Umstände zu sehen, statt als deren Opfer. Um eigene Versäumnisse zu entschuldigen, wird auch gerne die mangelnde Begabung herangezogen oder die Erziehung. Sicher beeinflussen uns diese Faktoren; Selbstverantwortung bedeutet jedoch, genau zu unterscheiden zwischen dem, was unveränderbar ist und dem, was man sehr wohl ändern kann. Die folgenden Gedanken basieren auf der Arbeit von Reinhard Sprenger:

Oft reden wir uns ein, wir hätten keine Wahl. In Wirklichkeit haben wir sie zumeist sehr wohl, nur verlangt die Wahl häufig einen hohen Preis, den wir nicht zu zahlen bereit sind. Ein Beispiel: Um das eigene Gewissen zu beruhigen, ist der Mangel an Zeit eine beliebte Ausrede für zu wenig Training. Nur, die Aussage – meist von Seufzern begleitet: „Ich kann leider nicht mehr üben. Ich habe einfach zu wenig Zeit", ist nicht ehrlich. Sie haben die Entscheidung getroffen, eine bestimmte Zeit für Ihren Beruf, für Ihre Familie und für andere Dinge zu verwenden. Für das Golfspiel bleibt dann eben nicht mehr viel Zeit übrig und Ihr Spiel wird sich so auch nur bis zu einem gewissen Niveau entwickeln können. Sie könnten mehr üben, nur müssten Sie dann auch den Preis dafür zahlen und woanders Kompromisse machen. Das wollen Sie aber nicht; und das darf auch niemand kritisieren. Sie sollten allerdings zu Ihrer Wahl stehen und sagen: „Ich will nicht mehr üben, weil mir andere Dinge wichtiger sind." In Abwandlung eines Sprenger-Zitates: Wer im Beisammensein mit seiner Familie an das Golfspielen denkt, ist weder bei seiner Familie, noch auf dem Golfplatz. Treffen Sie also eine Entscheidung und tun Sie das, was Sie gewählt haben – ohne schlechtes Gewissen. Der Reim eines unbekannten Verfassers bringt es auf den Punkt:

„Schmerzt dich in tiefer Brust
das herbe Wort ‚du musst!',
so macht dich eins nur still,
das stolze Wort ‚Ich will!'"

Selbstverantwortung ist eines der wichtigsten Merkmale für die Reife eines Menschen. Wer sich zum Opfer der Umstände degradiert, beraubt sich nur seiner Freiheit. Wägen Sie also lieber Ihre Wahlmöglichkeiten gegeneinander ab und fällen Sie dann selbstbewusst eine Entscheidung.

Ein Golfbeispiel: Sie spielen hinter einer extrem langsamen Gruppe; bei jedem Schlag müssen Sie mehrere Minuten lang warten, obwohl vor dieser Gruppe alles frei ist. Schon nach kurzer Zeit werden Sie wütend, spielen selber noch schneller und machen demonstrativ viele Probeschwünge beim Warten, um den anderen zu zeigen, dass sie Sie aufhalten. Auch Ihre bösen Blicke, wenn Sie an gegenüberliegenden Löchern Augenkontakt mit den langsamen Spielern haben, scheinen nichts zu nützen: Man lässt Sie nicht durchspielen. Mit der Zeit werden Sie immer wütender, können sich kaum noch auf ihre Schläge konzentrieren und spielen zunehmend schlechter. Nachdem man Sie bis zum achtzehnten Loch nicht hat durchspielen lassen, erzählen Sie anschließend im Clubhaus Ihren Freunden, dem Pro, dem Clubsekretär und jedem, der es nicht wissen will, wie unmöglich das Verhalten dieser Leute war.

„Was hat dieses Beispiel mit Verantwortung übernehmen zu tun?", werden Sie vielleicht fragen. Selbstverantwortung heißt eigentlich nichts anderes, als sich an ein Motto aus den Sechzigerjahren zu halten, das durch Reinhard Sprenger gerade eine Renaissance erlebt: „Change it, leave it or love it." In unserem Beispiel wurde jedoch keine der drei Möglichkeiten genutzt, sondern die Faust in der Tasche geballt, und das ist der sicherste Weg zur Unzufriedenheit. „Change it" hätte bedeutet, die Leute höflich zu fragen, ob man durchspielen darf. „Leave it" hätte bedeutet, die Runde am ersten oder zehnten Loch neu zu starten, ganz aufzuhören oder zum Training auf die Übungswiese zu gehen. „Love it" hätte bedeutet, die Situation zu akzeptieren und die Gelegenheit zu nutzen, mehrere Bälle zu spielen oder das Warten zwischen den Schlägen als Turniertraining anzusehen. Bei Turnieren lässt sich das Warten schließlich auch nicht vermeiden. Nicht zu fragen, weiter hinter den Leuten herzuspielen und sich die ganze Runde lang darüber zu ärgern, ist die dümmste Lösung – leider aber auch die am häufigsten gewählte. Das veranschaulicht folgende Geschichte:

> In einem Betrieb verbrachte eine Arbeitsgruppe ihre Mittagspause immer gemeinsam. Sobald alle ihre Lunchpakete ausgepackt hatten, fing grundsätzlich ein und derselbe Arbeiter an zu meckern: „So ein Mist!", jammerte er. „Nicht schon wieder ein Sandwich mit Käse und Salat. Ich hasse Käsesandwiches mit Salat!" So ging es jeden Tag, bis es einem Kollegen zu viel wurde. „Hör mal", sagte dieser, „wenn du Sandwiches mit Käse und Salat nicht magst, dann sag deiner Frau doch endlich, dass sie dir etwas anderes machen soll." „Gott bewahre", sagte der notorische Meckerer, „ich bin nicht verheiratet. Ich mach mir meine Sandwiches selbst."

Fünftes Kapitel: Selbstbestimmung

Selbstbestimmung heißt, von Trieben, Erziehung sowie kultureller Prägung unabhängiger zu werden und vom freien Willen häufiger Gebrauch zu machen.

Jedoch auch für die fünfte Eigenschaft auf dem Weg des Meisters gilt: Sie kann nicht ohne die vorausgegangenen entwickelt werden. Wer die Möglichkeiten zur Selbstbestimmung nicht sieht oder gelten lässt, also ein Mangel an Selbstverantwortung hat, bleibt ewig im Reich der Fremdbestimmung und gleicht einem Bootsfahrer, der glaubt, weder Paddeln noch Steuern hätte einen Sinn.

Beginnen wir mit der evolutionären Prägung: Wir leben zwar im einundzwanzigsten Jahrhundert mit entsprechenden geistigen Fähigkeiten – jedoch mit genetischen Programmen, die sich mit dem ausschließlichen Ziel entwickelten, die Überlebensfähigkeit eines Steinzeitmenschen zu sichern. Diese Programme kann man zwar nicht ändern, aber man kann alternative Programme entwickeln.

Die so genannte Flucht-Kampf-Reaktion stellt – wie der Name schon sagt – alle Organe auf Flüchten oder Kämpfen ein, wenn sich der Organismus bedroht fühlt. Der Ausstoß bestimmter Hormone verursacht dann unter anderem einen höheren Puls, eine schnellere Atmung, eine erhöhte Muskelspannung, sowie eine erhöhte Schweißabsonderung und eine Unterbrechung der Verdauung. Bei körperlichen Bedrohungen ist die Flucht-Kampf-Reaktion unvermeidlich. Auf dem Golfplatz haben wir jedoch ausschließlich mit psychischen Bedrohungen zu kämpfen: Mehr als unser Selbstwertgefühl und die Meinung anderer über unsere golferischen Fähigkeiten stehen nicht auf dem Spiel.

Die Prägung durch Kultur und Erziehung war schon unser Thema: Die Kultur westlicher Industrienationen konditioniert uns auf Lust ohne Anstrengung – auch wenn wir dadurch nie die größtmögliche Zufriedenheit erlangen. Und das Ergebnis der Erziehung ist oft, dass wir nach der Anerkennung unserer Mitmenschen lechzen.

Kümmern wir uns nun um die Frage, wie man von Trieben, Erziehung und kultureller Prägung unabhängiger werden kann und ob sich damit die beiden zentralen Probleme beim Golfspiel – Angst und Wut – verringern lassen.

Angst

Eine Vorstufe der Angst ist das Sichsorgen; es dient dazu, sich mit möglichen Bedrohungen auseinander zu setzen. Beim Golfspiel ist dies bei der Schlagplanung nützlich: Gefahren in Form von Ausgrenzen, Hindernissen usw. müssen wahrgenommen und eingeschätzt werden. Die meisten Golfer spielen zu risikoreich. Deshalb würde es vielen Spielern helfen, ihre Bedenken bei der Schlagplanung ernster zu nehmen. Ist die Planung abgeschlossen und geht es um die Ausführung, sind Sorgen nur hinderlich. Jetzt muss man sozusagen auf Zuversicht umschalten und die möglichen Gefahren vergessen. Wem das partout nicht gelingt, der hat meist zu kühn geplant und versucht Schläge, deren Schwierigkeit die eigenen Möglichkeiten übersteigt.

Die drei häufigsten Ursachen der Angst beim Golfspielen werden im Folgenden genauer behandelt – es sind: die Angst vor Blamage, die Angst vor dem Erkennen des eigenen Unvermögens und die Angst, Chancen nicht zu nutzen.

Angst vor Blamage

Obwohl viele immer betonen, wie gut sie sich beim Golfspielen entspannen können, beweist ihnen ihre Angst ständig das Gegenteil. Tatsächlich ist auf dem Golfplatz kaum jemand angstfrei: Wenn Sie beim Golfspielen eine gute Figur abgeben oder sich zumindest nicht blamieren wollen, ist Angst unvermeidlich.

Angst vor Blamage erkennen Sie auf dem Golfplatz daran, dass sie in Trainingsrunden nur dann auftritt, wenn Sie mit Leuten spielen, deren Handicap niedriger oder deren Urteil Ihnen wichtig ist – und natürlich wenn Sie Zuschauer haben. Im Turnier entsteht diese Angst auch unabhängig von Ihren Mitspielern, allein weil der Score anschließend veröffentlicht wird. Vielleicht haben Sie sich auch schon einmal gefragt, wie Tourspieler es schaffen, trotz Zuschauern und unglaublichen Preisgeldern so oft Spitzenleistungen zu erzielen? Tatsache ist: Unter extremem Druck spielt kaum jemand gut; extremer Druck hemmt. Die Spitzenspieler spielen also nicht gut, weil ihnen Druck nichts ausmacht, sondern weil sie erst keinen so großen Druck aufbauen. Sie vergessen die Welt um sich herum und konzentrieren sich ausschließlich auf ihr Spiel. Natürlich können sie das auch nicht immer – bei den Majors sieht man in der letzten Runde oft Schläge, die solchen Spielern im Training sicher nicht passieren würden. Bei Hobbygolfern verhält es sich mit dem Druck aber genau umgekehrt: Sie spielen auf ihrem Heimatplatz mit Freunden, es gibt weder Fotokameras noch eine Fernsehübertragung, niemand fragt sie nach einem Autogramm oder nach einem Interview; und dennoch fühlen sie sich, als sähe die ganze Welt zu und als müssten sie einen Vorsprung von einem Schlag bei den Masters verteidigen. Sie denken ständig an ihre Resultate und daran, was die anderen darüber denken werden.

Tatsächlich sind wir beim Golf dauernd damit beschäftigt – ob bewusst oder nicht –, was andere über uns denken. Wir haben permanent Angst, uns zu blamieren. Wer sich mit seinem Score identifiziert, sollte als Erstes seine Wertmaßstäbe hinterfragen, denn der Wert eines Menschen steht in keinem Verhältnis zu der Höhe seines Scores.

Betrachten wir einmal die Situation am ersten Abschlag: Wegen der vielen herumstehenden Leute ist die

Versagensangst besonders groß. Man fühlt sich beobachtet und dadurch unter erhöhtem Druck. Diesen Druck erzeugt man aber unnötigerweise selbst, wie ein Gedankenexperiment zeigt: Gäbe es einen Beobachter, der Golfspieler nach ihrem Abschlag einschätzen sollte, würde er unter anderem gute Spieler mit schlechten Abschlägen sehen (selbst Tourspieler landen mit über dreißig Prozent ihrer Abschläge im Rough), aber auch Spieler mit hohem Handicap und gutem ersten Schlag. Der unbewusste Gedanke: „Hoffentlich gelingt der Schlag, damit ich einen guten Eindruck mache", ist daher völlig abwegig. Am ersten Abschlag spielt sich trotzdem fast immer die gleiche Szene ab: Jeder Spieler wählt sich einen der folgenden Sätze und trägt ihn seinen Mitspielern unaufgefordert vor. Diese antworten dann mit einer Steigerung desselben Satzes oder wählen sich einen anderen.

- „In den letzten beiden Monaten bin ich nicht einmal zum Golfspielen gekommen."
- „Was bei mir zur Zeit im Geschäft los ist, können Sie sich nicht vorstellen."
- „Gestern bin ich erst um kurz nach drei ins Bett gekommen."
- „Bei dem Verlauf der gestrigen Feier muss ich froh sein, dass ich jetzt schon wieder stehen kann. Mein Gleichgewichtssinn wird wohl frühestens morgen wieder richtig funktionieren."
- „Mein Pro hat mir den Griff umgestellt, seitdem treffe ich nichts mehr."

„Bandscheibenvorfall – der Arzt hat mir das Golfspielen eigentlich verboten."

Diese Sätze werden so unbewusst abgespult, dass ihre eigentliche Aussage meist verloren geht. Tatsächlich sagen diese Sätze folgendes: „Ich möchte Ihre Erwartungen herunterschrauben, denn wenn sie zu hoch sind, kann ich sie vielleicht nicht erfüllen und das wäre mir unangenehm, weil ich Sie doch beeindrucken will." Wer auch mit heruntergeschraubten Erwartungen keine Chance sieht, die anderen zu beeindrucken, der erzählt zumindest etwas von vergangenen Heldentaten auf dem Golfplatz. Gab es noch keine, bleibt ja noch der Verweis auf den letzten Golfurlaub auf Hawaii. War man da auch noch nicht, gibt es vielleicht erfolgreiche Kinder, die man erwähnen kann. Eitelkeit – und das ist nichts anderes als Angst vor Blamage ins „Positive" gewendet – findet immer einen Weg, sich auszudrücken. „Was aber“, werden Sie vielleicht fragen, „wenn ich zum Beispiel wirklich lange krank war und immer noch geschwächt meine erste Runde spiele? Darf ich das meinen Mitspielern dann auch nicht erzählen?“ Ich würde es ihnen nicht erzählen. Erstens hat Sie niemand gezwungen, gleich die erste Runde mit anderen zu spielen – auch diese Situation ist also selbstgewählt. Und zweitens können Sie es als wunderbare Übung nutzen: Wenn Sie tatsächlich nichts von Ihrer Krankheit und Ihrer körperlichen Schwäche erzählen und achtzehn Löcher weit unter Ihren normalen Möglichkeiten spielen, können Sie sich schon einmal auf eine schwierigere Situation vorbereiten, die früher oder später auch auf Sie zukommen wird. Ich spreche von der Runde, in der Sie genauso schlecht spielen werden, aber keine Erklärung dafür haben, weil Sie eigentlich perfekt vorbereitet waren. Das ist erheblich schwieriger zu ertragen. Schlecht zu spielen, ohne Ausreden vorzutragen, aber eigentlich eine gute Erklärung zu besitzen, ist die ideale Vorübung dafür.

Solange das Selbstwertgefühl von den erzielten Scores abhängt, wird man seine Angst nicht loswerden. Die Überzeugung, Leistung sei das Wichtigste und mangelnde Leistung schmälere die ersehnte Anerkennung, ist der Grund für die bekannt hohe Nervosität am ersten Abschlag. Das Verhalten vor und nach dem Schlag sagt jedoch viel mehr über den Spieler aus als die Qualität seines Schlages. Neben den angesprochenen Ausreden kann man noch mehr beobachten:

Bereitet der Spieler seinen Schlag professionell vor? Wie verhält er sich nach einem misslungenen Schlag? Bringt er ihn sichtlich aus der Fassung oder hat er gelernt, schlechte Schläge einfach zu akzeptieren und zeigt damit wirkliches Format? Bei unserer Wirkung auf den Beobachter ist das Ergebnis des Schlages der unwichtigste Bestandteil – er muss uns deshalb nicht belasten. Viel beeindruckender als koordinatives Talent oder technische Kompetenz ist überwundene Angst.

Am ersten Abschlag stehen außerdem nur andere Golfer, die viel zu sehr mit ihrem eigenen Erscheinungsbild beschäftigt sind, um auf andere zu achten. Jemand, der selbst noch abschlagen muss, käme nie auf die Idee, sich über den schlechten Schlag eines anderen zu amüsieren; er hat viel zu viel Angst, es könnte ihm das Gleiche passieren. Wir stehen also gar nicht unter der besonderen Beobachtung und Beurteilung anderer. Gleiches gilt auch für die Angst vor einem schlechten Score: Nach ein paar Tagen weiß niemand mehr, welche Zahl neben Ihrem Namen auf dem Scoreboard stand. Erzählt ein Golfer jedoch nach der Runde zahllose Ausreden, bleibt das viel länger in Erinnerung. Die Chinesen haben hierzu ein Sprichwort:

„Mit zwanzig war ich immer besorgt, was die anderen über mich dachten und was sie in meiner Abwesenheit über mich redeten. Mit vierzig habe ich nichts mehr darum gegeben, was die anderen gedacht und gesagt

haben. Mit sechzig wurde mir dann klar, dass sie überhaupt nicht über mich gesprochen hatten."

Doch auch wenn man diese Zusammenhänge verstanden hat, dauert es noch einige Zeit, bis sie verinnerlicht sind. Diesen Prozess kann man jedoch trainieren, indem man die Bedeutung der bevorstehenden Aufgabe relativiert:

- „Es ist ja lächerlich, vor einer schlechten Runde Angst zu haben; in einer Woche denkt kein Mensch mehr an dieses Turnier und ich werde in meinem Leben noch hundert andere spielen."
- „Ein schlechter erster Abschlag braucht mir keine Angst zu machen: Alle Zuschauer sind Golfer und wissen um die Schwierigkeit des Spiels; außerdem stellt der erste Abschlag nur zirka ein Prozent der gesamten Runde dar."
- „So gerne ich hier gut spielen würde, Golf bleibt ein Spiel und es geht nicht um Leben und Tod. Auch nach schlechten Runden werden mich meine Eltern, Freunde und mein Trainer weiterhin mögen."

Den Umgang mit Stress kann man nur verbessern, indem man sich ihm aussetzt. Weichen Sie diesen Situationen deshalb auf keinen Fall aus: je öfter Sie sich ihnen stellen, desto größer ist die Chance, dass Ihre Gefühle Ihren Gedanken entsprechen werden. Natürlich kann man auch ausschließlich allein Golf spielen. Schafft man es aber, diese Angst zu überwinden, steigt das Selbstwertgefühl und es hilft, zukünftige Aufgaben besser zu meistern. Angst wird ersetzt durch Stolz als Belohnung für den aufgebrachten Mut.

Ziel ist es also, durch eine veränderte Grundeinstellung, die Ursachen der Angst beim Golfspiel zu beseitigen und immer unabhängiger von der Anerkennung anderer zu werden. Als begleitende Maßnahme kann man dann auch Entspannungstechniken anwenden. Ohne die richtige Grundeinstellung werden deren Wirkungen jedoch äußerst gering sein.

Angst vor Unvermögen

Sollten Sie gelegentlich Angst bekommen, obwohl Sie ganz allein auf dem Golfplatz spielen, handelt es sich um die Angst vor dem Erkennen des eigenen Unvermögens. Die Aussicht, trotz vollen Einsatzes schlecht zu spielen, ängstigt uns, weil unser geschöntes Selbstbild dabei zu zerfallen droht. Die häufigste Reaktion hierauf ist das innere Aufgeben. Nach einer Reihe schlechter Schläge werden bei einem psychischen „No-Return" die Anstrengungen auf ein Mindestmaß reduziert und man spielt die Runde nur noch zu Ende. Gedankliche Kapriolen der abenteuerlichsten Sorte sind dann willkommen, um die Realität erträglicher zu machen: „Wenn ich wirklich gewollt hätte, hätte ich besser gespielt, aber ich war einfach nicht bei der Sache. – Diesen Platz konnte ich noch nie leiden; da habe ich einfach keine Motivation. – Wozu soll ich mich heute anstrengen? Es geht ja sowieso um nichts." Die beschriebene Haltung trifft man häufig bei so genannten Talenten. Um ihren Ruf als Talent zu wahren, rechtfertigen sie ihre schlechten Leistungen mit endlosen Ausreden.

Obwohl das innere Aufgeben den Schmerz des Versagens lindert und die Angst vertreibt, ist der Preis für inneres Aufgeben hoch: Man wird die eigenen Möglichkeiten nie voll ausschöpfen. Golfer, die innerlich aufgeben oder sich gehen lassen, geben nicht ihr Bestes und lehnen es auf diese Weise ab, die volle Verantwortung für ihr schlechtes Spiel zu übernehmen. Der Weg aus diesem Dilemma ist nicht leicht: Der erste Schritt heißt, bewusst Verantwortung zu übernehmen und sich den Tatsachen zu stellen. Man muss der Angst offen gegenübertreten, statt sich emotional aus dem Staub zu machen. Wenn die Leistung den Ansprüchen nicht genügt, muss mehr oder anders trainiert werden, oder man muss die Ansprüche herunterschrauben. Auch hier ist erwartungsloses Bemühen gefragt.

Angst, eine Chance nicht zu nutzen

Die Angst, eine Chance nicht zu nutzen, kann dann auftreten, wenn Sie beispielsweise am letzten Loch ein Par spielen müssen, um Ihren persönlichen Platzrekord zu verbessern. Sie kann entstehen, wenn Sie einen Putt einlochen müssen, um das Turnier zu gewinnen, oder auch am ersten Abschlag, wenn Sie ein für Sie wichtiges Turnier spielen oder gar als Führender in die letzte Runde gehen.

Diese Angst wird fälschlicherweise oft als Angst vor dem Erfolg bezeichnet. Doch man hat nicht wirklich Angst vor dem Erfolg, sondern vielmehr Angst davor, die seltene Gelegenheit zu verpatzen. Wer hier Angst bekommt, sollte sich daran erinnern, dass er diese Situation geradezu herbeigesehnt hat. Um in diese Situation zu kommen, spielt man Turniergolf. Jetzt wird das eigene Spiel dem ultimativen Test unterzogen. Diese Chance ist ein Geschenk. Man sollte sich darüber freuen und wenn einem das nicht gelingt, sollte man sich fragen, ob man lieber zehn Schläge schlechter läge, um nicht über Angst klagen zu müssen. Das Schlimmste, was passieren kann, ist ein gutes, statt ein sehr gutes Resultat zu erzielen. Wer diesem Druck bei den ersten Malen nicht standhält, darf sich in keine Krise hineinreden, nach dem Motto: „Wenn es darauf ankommt, versage ich immer." Fällt der entscheidende Putt nicht ins Loch, muss es nicht der eigene Fehler gewesen sein. Gerade beim Putten ist der Einfluss des Zufalls viel größer als man denkt.

Wut

> In einem unhöflichen Ton forderte ein aggressiver Samurai einen Zen-Meister auf, ihm den Unterschied zwischen Himmel und Hölle zu erklären. Der Priester antwortete gelangweilt: „Mit deinesgleichen verschwende ich doch nicht meine Zeit!"
> Der Samurai wurde rasend vor Wut, zog sein Schwert und schrie: „Für deine Frechheit werde ich dich töten!"
> „Das ist", sagte der Priester gelassen, „die Hölle."
> Verblüfft von der überzeugenden Art, diese Einsicht zu vermitteln, beruhigte sich der Samurai, steckte das Schwert zurück in die Scheide und dankte dem Priester mit einer tiefen Verneigung.
> „Und das", sagte der Priester lächelnd, „ist der Himmel."

Golf mit seinen winzigen Fehlerspielräumen und den langen Phasen der Erfolglosigkeit kann äußerst enttäuschend sein. Darüber wütend zu werden, erscheint normal. Auf dem Weg des Meisters ist jedoch eine besondere Fähigkeit gefragt: die Fähigkeit, Enttäuschungen zu ertragen. Sie wird in jeder Runde auf die Probe gestellt. Während man *vor* dem Schlag eher mit Angst zu kämpfen hat, entsteht die Wut immer *nach* schlechten Schlägen. Nun meinen viele, ein negatives Gefühl nach dem Schlag würde die Leistung nicht mindern. Drei Dinge sprechen jedoch dagegen:

1. Untersuchungen zeigen: Wut lässt sich nicht so schnell abbauen, dass der nächste Schlag aus einer ruhigen Grundstimmung heraus ausgeführt werden kann.[7] Außerdem ist in einem wütenden Zustand das Einschätzungsvermögen getrübt, wodurch oft grobe taktische Fehler entstehen. Wie oft schon mussten Sie feststellen, dass Sie nach einem Dreiputt den Drive besonders weit schlagen wollten? Und wie oft ist er dadurch besonders weit ins Rough geflogen?
2. Je mehr man sich vom Schlagresultat abhängig macht, desto größer wird die Angst vor schlechten Schlägen und der Druck, gute Schläge machen zu müssen.
3. Im Zustand der Wut wird meist die Chance verpasst, etwas aus den gemachten Fehlern zu lernen.

Wut ist von allen negativen Gefühlen das gefährlichste; der innere Monolog, der sie antreibt, liefert oft die überzeugendsten Argumente, ihr freien Lauf zu lassen. Je länger dieser Monolog dauert, desto mehr Gründe und Rechtfertigungen finden sich für das Zornigsein.

Stellen Sie sich doch einmal folgende Fragen: Akzeptieren Sie Ärger als selbstverständlich zum Golf gehörend? Erklären Sie Wutausbrüche oft mit Aussagen wie: „Das ist doch nur menschlich“? Sind Sie der Meinung, dass man Magengeschwüre bekommt, wenn man Ärger nicht herauslässt?

Das Sichbefreien von seelischen Konflikten und inneren Spannungen durch Abreagieren wird von manchen als Methode gepriesen, sich hinterher besser zu fühlen. Aber das Ausleben oder Abreagieren hat nicht den erhofften Effekt einer Reinigung, sondern verstärkt nur die Wut. Was uns krank macht, ist nicht das Beherrschen der Wut; krank wird man, wenn man es versäumt, die Ursachen der Wut zu ergründen und abzustellen. Wir sträuben uns gegen die Vorstellung, unsere Gefühle beherrschen zu können, weil es leichter ist, die Verantwortung abzulehnen als unser Verhalten zu ändern. Auch wenn der negative Beigeschmack eines Wutausbruches mit dem Verweis auf Gene oder Triebe scheinbar auf ein Minimum reduziert wird,

untergräbt man so auf lange Sicht seine Selbstachtung und das Gefühl, sich in der Gewalt zu haben. Denn Ärger gleicht einer Säure, die ihren Behälter stärker zerfrisst als das, worüber man sie ausgießt.

Neben dem Herauslassen der Wut gibt es jedoch weitere Methoden, mit ihr umzugehen: Man kann Wut auch unterdrücken. Das Unterdrücken von Wut ist jedoch nicht viel besser als das Herauslassen. Leute, die Wut unterdrücken, schmollen, sind eingeschnappt, hegen heimlich Groll, kochen innerlich, aber zeigen es nicht und ziehen keine Konsequenzen aus den Ursachen ihrer Wut.

Die effektivste Art mit der Wut umzugehen ist dagegen die Wutbeherrschung. Das Gegenteil des Unterdrückens (d.h. aus dem Bewusstsein verdrängen) ist das Bewusstmachen. Wer seine Wut einfach reaktiv herausschreit, der handelt nicht bewusst, sondern unbewusst. Erst wenn mir meine Wut bewusst ist, kann ich deren Ursachen erkennen und abstellen. Wenn ich die Wut wahrnehme, habe ich mich schon von ihr gelöst, denn ich bin nicht mehr die Wut, sondern ich beobachte sie. Statt mich mit ihr zu identifizieren, nehme ich die Perspektive eines Beobachters ein. Jetzt kann ich mir Gedanken über die Ursachen machen. Drei Ursachen sind besonders häufig:

1. Bleiben Erwartungen unerfüllt, entstehen je nach Persönlichkeitstyp entweder Depression oder Aggression. Ziel muss also sein, sich nach und nach von seinen Erwartungen zu lösen.

2. Oft stellen Wutanfälle nur den Versuch dar, mit der eigenen Angst besser fertigzuwerden. Spieler, die von der Angst vor Blamage gequält werden, versuchen mit offen zur Schau gestelltem Ärger und Selbstbeschimpfungen zu zeigen: Normalerweise spiele ich besser. Selbst wenn es sich nicht um das Ansehen der anderen dreht und die Angst vor dem Erkennen des eigenen Unvermögens dominiert, fördert die mit der Wut einhergehende Erregung eine Illusion der Macht und Unverletzlichkeit: Wutausbrüche können hier schmerzlindernd wirken; die eigene Hilflosigkeit rückt in den Hintergrund. Doch statt die Angst mit anderen Fehlern zu überdecken, sollten lieber deren Ursachen beseitigt werden.
3. Viele Golfer glauben fälschlicherweise, es sei ein Zeichen von wirklichem Engagement und Einsatz, wenn man über schlechte Leistungen wütend wird. Wer sich nicht sichtbar ärgert, dem muss sein Spiel offensichtlich egal sein.

Natürlich ist es nicht einfach, sich von Erwartungen und Angst zu lösen. Vielleicht lassen sich diese Ursachen der Wut auch nie vollständig beseitigen; deshalb bedeutet Wutbeherrschung, die Wut von zwei Seiten anzugehen: Nicht nur die Ursachen sollten abgebaut werden, auch die Wirkungen sollte man in den Griff bekommen. Wer seine Wut beherrscht, bleibt ruhig, geduldig und kontrolliert sein Verhalten. Jede Erregung klingt mit der Zeit ab, wenn man lange genug wartet.

Leute, die schmollen oder explodieren, verlängern diese Zeit nur unnötig. Für das Golfspiel bietet sich dafür eine Routine nach dem Schlag an. Ein Beispiel finden Sie auf S. 153 im Abschnitt „Post-Shot-Routine".

Wutanfälle auszuleben oder zu unterdrücken, reduziert Spaß und Leistung, und wer immer noch glaubt, er könne nichts dafür, wird diese Strategie auch nicht ablegen können. Viele verweisen auf ihren Charakter und sagen: „Ich bin nun einmal kein selbstbeherrschter Typ. Ich habe meine Wut schon immer herauslassen müssen." Dass eine Änderung durchaus möglich ist, zeigt das Beispiel von Björn Borg. Gegenüber einem Reporter erinnert er sich:

> „Früher war ich wie John McEnroe. Noch schlimmer. Ich habe geflucht und Schläger geworfen. Echt schlechte Laune. Sie können jeden fragen, der mich zu der Zeit in Schweden gekannt hat, vor zehn oder elf Jahren. Dann, als ich dreizehn war, hat mein Verein mich für sechs Monate gesperrt. Meine Eltern haben meinen Schläger sechs Monate lang im Schrank eingeschlossen. Ich konnte ein halbes Jahr nicht spielen. Es war entsetzlich. Aber es war mir eine sehr gute Lehre. Ich habe auf dem Platz nie wieder den Mund aufgemacht. Ich werde immer noch richtig wütend, aber ich behalte meine Gefühle für mich."[8]

Und auch McEnroes Wutausbrüche waren nicht so unkontrolliert, wie er uns glauben machen wollte. Er änderte nichts an seinem Verhalten, weil er schwächere Gegner so einzuschüchtern versuchte. Außerdem genoss er das Aufsehen, das sich dadurch ergab. Aber auch McEnroe kann sich beherrschen:

> „Gegen Borg werde ich mich immer benehmen. Das muss ich. Ja, es ist nicht nur mein Respekt vor Björn. Ich weiß, dass ich es mir einfach nicht leisten kann, das kleinste bisschen Energie zu verschwenden, wenn ich gegen ihn spiele. [...] Ich weiß, dass ich mich dann über nichts aufrege."[9]

Wer die Ursachen seiner Wut erkannt hat und sie beherrschen will, hat einen großen Schritt auf dem Weg zur Meisterschaft gemacht. Es geht nicht darum, gefühllos zu werden, sondern sich von Gefühlen zu lösen, die Spaß und Erfolg mindern. Als Mittel zur Wutbeherrschung kann man auch seine Selbstgespräche steuern. Hierzu einige Beispiele:

– Sollten Sie sich nach einem schlechten Schlag selbst beschimpfen, versetzen Sie sich in folgende Situation: Sie sind der Caddie Ihres Freundes und dieser hat gerade genau so einen schlechten Schlag gemacht wie Sie. Wie würden Sie mit ihm reden? Sicher würden Sie ihn nicht beschimpfen, eine Grundsatzdiskussion über seine Unfähigkeit beginnen oder ihm raten, ganz mit Golf aufzuhören. Sie würden stattdessen seine Aufmerksamkeit ausschließlich auf den nächsten Schlag lenken, damit erst keine Wut aufkommt. Warum soll das für Sie selbst nicht der richtige Weg sein?

- Sie haben Ihren Abschlag in die Bäume geslict und Ihr Ball landet in tiefem Gestrüpp. Statt sich in Ihre Wut zu versteigen, könnten Sie sich sagen: „Jetzt habe ich die Gelegenheit, einen schwierigen Schlag unter realistischen Bedingungen zu üben. Gelingt es mir, den vorausgegangenen Schlag zu vergessen, wird mir diese Erfahrung in künftigen Turnieren sicher helfen."
- Sie versuchen den Ball aus tiefem Rough über einen hundert Meter entfernten Bach zu schlagen, treffen den Ball nicht optimal und er landet im Wasser. Statt sich nun lautstark zu ärgern, können Sie diese Situation auch so interpretieren: „Aus diesem taktischen Fehler kann ich etwas lernen: „Nur um 25 Meter näher am Grün zu liegen, bin ich ein unnötiges Risiko eingegangen. Aus schlechten Lagen im Rough lässt sich das Ergebnis nie genau vorhersagen. In Zukunft werde ich in solchen Situationen vorsichtiger planen."
- Ihr Ball landet hinter einem Bunker, trifft jedoch die Harke und springt zurück in den Sand. Statt über das Pech zu jammern, sagen Sie sich folgendes: „Glück und Pech sind Teil dieses Spiels. Gelingt es mir, mit Pech gelassener umzugehen als die anderen, erziele ich sogar einen Vorteil."

Wer so denkt, hat verstanden, dass eine Situation – und sei sie noch so ärgerlich – niemanden in Wut versetzen kann. Entscheidend ist immer die Interpretation – und die liegt ganz allein bei jedem Einzelnen. Probleme zu leugnen und sich zu bedauern, scheint normal, sie zu akzeptieren und geduldig nach Lösungen zu suchen, ist nützlicher. Interessant ist auch der Unterschied der Selbstgespräche von Professionals und Amateuren: Amateure neigen auf dem Platz zu Selbstkritik und auf der Range zu Beschönigungen; Professionals sind auf der Range selbstkritisch und auf dem Platz betont optimistisch.

Selbstgespräche sind kein Zeichen von Geistesverwirrung; sie werden von allen erfolgreichen Sportlern bewusst gesteuert und können die Leistungen verbessern. Versäumt man das bewusste Steuern, werden die Selbstgespräche oft destruktiv. Fertigen Sie am besten eine Liste der Situationen an, die bei Ihnen zu solchen Selbstgesprächen führen (Pech, schlechte Schläge, hohe Scores, dumme taktische Fehler oder Ähnliches). Ergänzen Sie die Liste dann um individuelle Stichworte nützlicher Selbstgespräche. Prägen Sie sich die Stichworte ein und rufen Sie sie nach Bedarf ab. Sind die Worte nicht vorbereitet, schafft man es unter Druck nur selten, sich die richtigen Gedanken herzuleiten. Auf diese Weise können Sie selbst entscheiden, ob Sie sich mit Ihren Selbstgesprächen schaden oder Ihre Leistungen steigern wollen.

Golf – ein Glücksspiel?
Wer den Einfluss des Zufalls beim Golfspiel kennt, entzieht der Wut eine weitere Grundlage: Alle Sportspiele bestehen aus einer Kombination von Geschick, Strategie und Glück. Der Zufall verändert das Verhältnis zwischen Leistung und Resultat: Das Ergebnis eines guten Schlages kann schlecht sein – aber auch schlechte Schläge landen hin und wieder im Ziel. Man muss sich also ständig mit Glück und Pech auseinander setzen, das man verdient hat oder auch nicht. Damit umzugehen, kann man auf dem Golfplatz lernen und so wird er zum Übungsplatz für unser Verhalten im Alltag. Den Einfluss des Zufalls zu akzeptieren, wenn man das Glück gerade auf seiner Seite hat, ist keine Kunst. Den Zufall wirklich zu akzeptieren heißt, ihn auch dann nicht zu verfluchen, wenn man das Pech gepachtet zu haben scheint. An der langfristigen Gerechtigkeit des Spiels kann der Einfluss des Zufalls ohnehin nichts ändern: der Glücksfaktor ist für alle gleich. Wer den Zufall beim Golfspielen akzeptiert hat, braucht sich auch für Glücksschläge nicht zu schämen. Sie sind genauso Teil des Spiels wie die glückloseren Schläge.

Beim Putten ist der Einfluss des Zufalls besonders groß. Dave Pelz ist dieser Frage genau nachgegangen.[10] In den USA hat er auf guten Grüns folgenden Test gemacht: Ein Gerät (True-Roller), aus dem man Bälle mit immer gleicher Richtung und Geschwindigkeit herausrollen lassen kann, wurde so auf ein 3½ Meter entferntes Loch ausgerichtet, dass die maximale Anzahl der Bälle ins Loch fiel. Auch die Ballgeschwindigkeit wurde so reguliert, dass die Bälle am Loch weder zu langsam noch zu schnell waren. So ist es möglich, die maximale Erfolgsquote aus einer bestimmten Entfernung zu ermitteln. Pelz hat auf verschiedenen Grüns zigtausend Bälle aus seiner Maschine rollen lassen. Er kam dabei zu einem erstaunlichen Ergebnis:

Die meisten Tourspieler tippten bei diesem Test auf eine Erfolgsquote von achtzig bis neunzig Prozent. Tatsächlich betrug die Erfolgsquote nur circa fünfzig Prozent. Sollte ein Golfspieler also jemals perfekt lesen, zielen, putten und dosieren können, würde er immer noch jeden zweiten Putt aus 3½ Metern am Loch vorbeischieben. Wir putten eben nicht auf Billardtischen. „Wie viel Prozent der Putts bringen denn Tourspieler

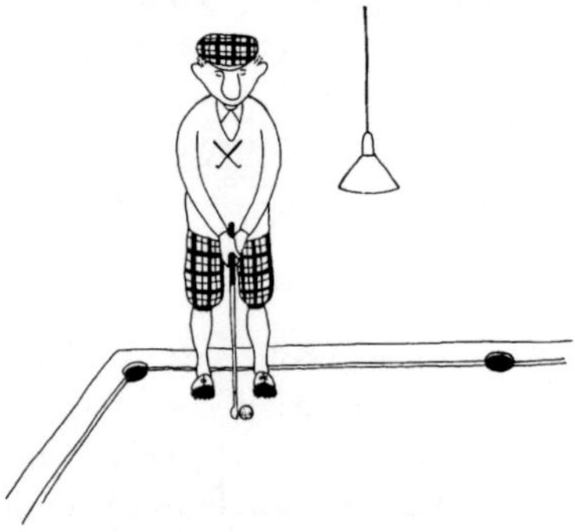

aus 3½ Metern ins Loch?", werden Sie vielleicht fragen. Bevor sie das Ergebnis erfuhren, wurden die Tourspieler befragt: Sie tippten auf eine Quote von vierzig Prozent. Tatsächlich bringt der durchschnittliche Professional der US-PGA Tour unter Turnierbedingungen mit dem ersten Schlag nicht mehr als zwanzig Prozent der Bälle aus 3½ Metern ins Loch!

Es lässt sich also in den meisten Fällen nicht beurteilen, ob man für das Scheitern oder den Erfolg eines Putts selbst verantwortlich war. Warum nur so wenige Bälle ins Loch fallen, ist für die Psychologie bedeutungslos.[11] Wichtig ist jedoch die Tatsache, dass es so ist und die Erkenntnis, dass man sich beim Golf nicht mit seinen Resultaten identifizieren, sie zum Maßstab für die Selbsteinschätzung machen oder in einzelnen Runden oder Turnieren Gerechtigkeit erwarten darf. Trotzdem ist es natürlich nicht egal, ob man viel trainiert oder nicht. Auch wenn nur wenige Bälle ins Loch fallen, darf man nicht vergessen, dass derjenige, der schlecht puttet, dem Zufall noch mehr ausgeliefert ist. Bei derart verfälschten Ergebnissen bleibt einem nichts übrig, als beim Putten das Beste zu geben und sich von Erwartungen zu lösen – erwartungsloses Bemühen.

Positives Denken als Allheilmittel?

Die meisten Golfer sind sich der negativen Gedanken bewusst, die sich ständig ins Bewusstsein schleichen: „Kurze Putts gehen bei mir immer daneben." „Hoffentlich schlage ich den Ball nicht wieder ins Aus.“ Die schnell getroffene Schlussfolgerung lautet dann: „Positiv muss man denken!“ Jetzt heißt es: „Diesen Ball werde ich einlochen.“ Hier handelt es sich zwar nicht mehr um eine negative Erwartung, aber immer noch um eine Erwartung. Wie eben gesehen, unterliegt das Schlagresultat nicht unserer ausschließlichen Kontrolle. Der Vorsatz: „Diesen Ball werde ich jetzt einlochen“, ist demnach ein Ergebnisziel, das zur Enttäuschung führt, sollte es nicht erreicht werden. Positives Denken ist demnach nicht das Gegenteil von negativem Denken, sondern nur seine Rückseite: zwei Seiten ein und derselben Medaille – der Medaille mit dem Namen „Erwartungen“, deren Tauschwert oft nur aus Enttäuschung besteht.

Im Übrigen: Wer sich um positive Gedanken bemüht, redet sich selbst etwas ein und glaubt es nicht wirklich, denn sonst müsste er sich ja nicht besonders um diese Gedanken bemühen. Nützlich wäre beispielsweise, zu sagen: „Ich werde die Puttlinie so gut wie möglich lesen, den Putter so gut wie möglich ausrichten und dann meine bestmögliche Puttbewegung machen. So gebe ich dem Ball die größtmögliche Chance ins Loch zu fallen.“ Hierbei löst man sich von jeder Erwartungshaltung und schafft damit die beste Voraussetzung für den Erfolg. Je besser es einem gelingt, die Erwartungen herunterzuschrauben, desto seltener werden auch negative Gedanken auftreten.

Beim Golfspiel tappen wir trotzdem immer wieder

in die Falle, unsere Zukunft durch die Vergangenheit als vorherbestimmt zu betrachten. Der Grund, warum wir oft schon nach einem schlechten Schlag – spätestens aber nach zweien – aus der Fassung geraten, ist nicht wirklich der eine verpatzte Schlag. Wüssten wir, dass alle folgenden Schläge gelängen, würde uns ein verpatzter Schlag überhaupt nicht stören. Tatsächlich haben wir Angst, dass dieser Schlag eine „Pechsträhne" einläutet, in der kein einziger Schlag mehr gelingt. Das Gleiche gilt für positive Strähnen: Haben wir die Bälle auf der Driving-Range gut getroffen, steigen unsere Erwartungen für die Runde. Die Zukunft durch die Vergangenheit als vorausbestimmt zu betrachten, erscheint so selbstverständlich, dass wir uns keine Alternative vorstellen können. Jeder Golfer hat aber schon Folgendes erlebt:

Nach katastrophal verlaufenen ersten neun Löchern und dem Begraben jeglicher Erwartungen, kommt irgendwann auf den zweiten Neun eine Phase, in der die Bälle wieder fliegen. Bei keinem anderen Sport sind die Höhen und Tiefen so unvorhersehbar wie beim Golf. Die Kunst besteht also darin, die Möglichkeit guter Schläge – auch nach noch so vielen vorausgegangenen Fehlschlägen – nie auszuschließen. Das hat nichts mit positivem Denken zu tun. Machen Sie sich auch keine Gedanken, mit welcher Wahrscheinlichkeit ein guter oder ein schlechter Schlag geschieht. Weder positive noch negative Erwartungen sind hilfreich: Lösen Sie sich besser ganz von ihnen.

Sechstes Kapitel: Selbstvertrauen

Selbstvertrauen entsteht meist durch vergangene Erfolge. Doch davon sollte man sich nicht abhängig machen. Bleiben nämlich die Erfolge aus, verschwindet ebenso das daraus entstandene Selbstvertrauen. Gesondert trainieren lässt sich das Selbstvertrauen aber leider nicht. Das gilt ebenso für die folgenden Stufen auf dem Weg des Meisters (Selbstvergessenheit, Selbstverwirklichung und Selbstachtung). Diese Eigenschaften ergeben sich aus der investierten Arbeit in die vorausgegangenen fünf Stufen. Mit jedem Problem, das man löst, und jeder Schwäche, die man überwindet, steigt das Selbstvertrauen – und zwar unabhängig von der momentanen Form. Gibt es jedoch keine Grundlage für Selbstvertrauen, wird sich keines einstellen, sosehr man sich das auch einreden möchte. Training und psychologische Arbeit sind also gleichsam Einzahlungen auf das Selbstvertrauens-Konto. Die Arbeit an der eigenen Persönlichkeit lässt sich nicht umgehen: Sich von Erwartungen zu lösen und Ergebnisse nicht mit der Selbstachtung zu verknüpfen, muss man öfter trainieren als man Zeit zum Golfspielen findet. Man sollte also nicht nur das Golfspiel als Training für den Alltag betrachten, sondern auch umgekehrt.

Ziel ist es, unabhängig vom aktuellen Score, einen starken Glauben an die eigenen Fähigkeiten zu entwickeln, ohne sich dabei selbst zu überschätzen. Zu viel Selbstvertrauen kann man nicht haben. Dies hat nichts mit Aufgeblasenheit zu tun – das wäre eher ein Zeichen für mangelndes Selbstvertrauen. Wer jedoch meint, nichts mehr lernen zu können, hat zwar Selbstvertrauen, wird sich aber nicht mehr weiterentwickeln.

Siebtes Kapitel: Selbstvergessenheit

Golfspielen heißt, sich mit Problemen zu beschäftigen. Wie im Zusammenhang mit dem Neugiertrieb erwähnt, kann es dabei zu Flow-Erlebnissen kommen, bei denen man sich selbst und die Welt um sich herum vergisst. In diesem Zustand widmet man sich mit einer tiefen und gleichzeitig unverkrampften Hingabe ausschließlich der vorliegenden Aufgabe. Obwohl man in diesem Zustand meist die besten Leistungen vollbringt, ist einem das Abschneiden und das eigene Erscheinungsbild gleichgültig. Angst und Sorgen lösen sich auf. Erst nach der Runde stellt man fest, dass man in einem besonderen Zustand war. Während der Runde ist man sich dessen nicht bewusst: Das Nachdenken über die eigene Situation würde diese Konzentration nur unterbrechen. Selbstvergessenheit zu erzwingen oder zu planen, ist unmöglich. Man kann die Wahrscheinlichkeit dafür aber erhöhen. Drei Voraussetzungen sind nötig:

1. Die Fähigkeiten entsprechen den Anforderungen.
2. Die Aufgabe wird um ihrer selbst willen erledigt.
3. Die Konzentration liegt ausschließlich auf der aktuellen Tätigkeit.

Wenn die Fähigkeiten den Anforderungen entsprechen sollen, braucht man Eigenmotivation und Selbstdisziplin: Ohne diese Eigenschaften wird man nämlich nicht die Fähigkeiten erwerben, die den hohen Anforderungen des Golfspiels gerecht werden. Es müssen jedoch nicht nur die tatsächlichen Fähigkeiten den Anforderungen entsprechen. Wichtig ist auch die subjektive Überzeugung, dass dem so ist. Golfer erleben Stress und keinen Flow, wenn in ihren Augen die Ansprüche der Umgebung die eigenen Bewältigungsmöglichkeiten übersteigen. Selbstvertrauen ist also auch eine Voraussetzung für das Gefühl der Selbstvergessenheit. Aber nicht nur die eigenen Fähigkeiten kann man verbessern, auch die Anforderungen lassen sich verändern: Als Anfänger sollte man mit halben Schlägen und kurzen Schlägern beginnen. Mit wachsenden Fähigkeiten versucht man vollere Schläge mit immer längeren Schlägern. Ab einem gewissen Niveau geht man auf den Platz – am Anfang mit Lehrer, später ohne. Stellt das Training keine Herausforderung mehr dar, nimmt man an Turnieren teil usw. Auf dem Platz muss dann die Strategie zu den Fähigkeiten passen. Auch hier kommt es eher zur Enttäuschung als zum Flow, wenn man Dinge versucht, die man noch nicht beherrscht, oder ständig zu viel riskiert.

Um die Forderung zu erfüllen, dass die Aufgabe um ihrer selbst willen erledigt wird, muss man sich von ständigen Gedanken an das Ergebnis, und somit von Erwartungen im Allgemeinen, verabschieden. Das Ziel muss vielmehr lauten, vor jedem Schlag in eine immer gleiche, gelassene Grundstimmung zu gelangen. Deshalb darf die Bewertung des Schlages nicht von dessen Resultat abhängen. Die einzigen Maßstäbe sind: perfekte Vorbereitung und optimale Ausführung. Spieler, die in einem selbstvergessenen Zustand sind, stoßen auch nie aggressive Freudenschreie aus, wenn ihnen ein Birdie gelingt. Das wäre ebenfalls ein Zeichen zu starker Identifikation mit dem Resultat. Durch die extrem unterschiedlichen Schlagresultate verleitet Golf zu einem Hin und Her zwischen Lust und Unlust: Während der Runde nach guten Schlägen in übermäßige Begeisterung zu verfallen, ist genauso verkehrt, wie sich über schlechte Schlagresultate zu ärgern. Man sollte sich mit Gleichmut – nicht Gleichgültigkeit – nach dem Schlag so verhalten, als hätte jemand anders geschlagen.

Mit der ausschließlichen Konzentration auf die Aufgabe müssen wir uns genauer beschäftigen; sie ist die schwierigste Voraussetzung für die Selbstvergessenheit. Folgende Geschichte verdeutlicht das Problem:

> Ein Schüler fragt seinen Meister, wie er es schafft, immer so gesammelt zu sein. Darauf der Meister: „Wenn ich sitze, sitze ich. Wenn ich stehe, stehe ich. Wenn ich laufe, laufe ich.“ Darauf der Schüler: „Das tue ich doch auch.“ „Nein, wenn du sitzt, dann stehst du schon, wenn du stehst, dann läufst du schon und wenn du läufst, dann bist du schon am Ziel.“

Auch die meisten Golfspieler sind während der Runde gedanklich meist in der Vergangenheit oder der Zukunft. Doch wer vergebenen Chancen nachtrauert oder seinen wahrscheinlichen Score vorausberechnet, lenkt sich nur von den Erfordernissen der momentanen Spielsituation ab. In den Selbstgesprächen beschäftigt man sich dann meistens mit den folgenden fünf Themen:[12]

1. Umfeld
   Fühlen Sie sich von den Mitspielern behindert, empfinden Sie Zuschauer als störend, klagen Sie über den Zustand des Platzes oder das Wetter, sind das Zeichen für die erste Form von leistungshemmenden Gedanken.
   Beispiel: „Mein Mitspieler macht mich wahnsinnig, er spielt viel zu langsam." – „In den Bunkern ist viel zu viel Sand." – „Ich hasse Golfspielen bei Regen."
2. Ist-Soll-Vergleich der eigenen Leistung
   Denken Sie über den eigenen Score nach und vergleichen Sie ihn mit Ihrem erwarteten Ergebnis, sind das Zeichen für die zweite Form von schädlichen Gedanken.
   Beispiel: „Ich liege jetzt nach fünf Löchern schon sechs über Par, das ist natürlich viel zu schlecht!" oder „Ich liege jetzt nach neun Löchern drei unter Par – so gut war ich ja noch nie."
3. Gesamtleistung
   Der Schritt nach dem Ist-Soll-Vergleich ist das Prognostizieren des Gesamtscores, das noch keinem Spieler geholfen hat, den nächsten Schlag besser zu spielen.

Beispiel: „Eins über Par nach sechs Löchern; wenn ich so weiterspiele, wird es eine 75." oder „Triple-Bogey, Bogey auf den ersten beiden Löchern; geht es so weiter, wird es eine 108." oder „Noch drei Pars und ich bleibe das erste Mal unter 80."

4. Konsequenzen
   Wenn Sie sich Gedanken über die Konsequenzen des Spiels machen, entfernen Sie sich noch weiter vom Spiel in der Gegenwart.
   Beispiel: „Wenn ich so weiterspiele, brauche ich über 100 Schläge – das wird peinlich." oder „Sollte ich dieses Niveau tatsächlich halten können, werde ich das Turnier wahrscheinlich gewinnen." oder „Wenn ich das Turnier gewinne, bekomme endlich die Anerkennung, die ich verdiene."
5. Frage nach dem Sinn
   Wer sich die Frage nach dem Sinn stellt, hat keine Chance mehr, konzentriert und motiviert weiterzuspielen.
   Beispiel: „Zwölf über Par nach neun Löchern; was mache ich hier eigentlich? Wozu verbringe ich fast meine ganze Freizeit auf dem Golfplatz?"

Gelingt es einem nicht, sich auf den Schlag zu konzentrieren, durchläuft man in den meisten Fällen diese Fragen während des Spiels der Reihe nach. Hierbei wird die Ablenkung vom Spiel mit jeder Frage stärker. Wer den Weg des Meisters geht, der hat sich diese Fragen schon lange vor dem Turnier beantwortet und zwar in der Reihenfolge ihrer Wichtigkeit. Die Antworten könnten z. B. so aussehen:

1. Frage nach dem Sinn
   „Ich spiele dieses große Turnier, weil ich nur unter Druck ein verlässliches Feedback über meine wahren golferischen Fähigkeiten bekomme. Mit dieser Rückmeldung kann ich dazulernen und mich zukünftig weiter verbessern."
2. Konsequenzen
   „Wenn ich gut spiele, habe ich Spaß, aber lerne nicht viel dazu – spiele ich schlecht, macht das nicht viel Spaß, aber ich kann viel lernen."
3. Prognose der Leistung
   „Mein Ziel kann nur darin bestehen, mein Möglichstes zu tun. An welcher Stelle ich damit lande, unterliegt nicht meiner Kontrolle."
4. Ist-Soll-Vergleich
   „Ein Ist-Soll-Vergleich bedingt immer Erwartungen. Von Erwartungen in Bezug auf Ergebnisse will ich mich jedoch lösen. Die einzige Erwartung ist die, jeden Schlag optimal vorzubereiten, bestmöglich und erwartungslos auszuführen, sowie gelassen zu akzeptieren. Dieses Ziel werde ich vielleicht nie erreichen, die Quote der Schläge, bei denen mir das gelingt, kann ich aber ständig verbessern."
5. Umfeld
   „Störungen sind ein unvermeidlicher Teil des Spiels. Sich darüber aufzuregen, lenkt nur vom Wesentlichen ab. Damit ich mit allen Bedingungen zurecht

komme, trainiere ich auch bei schlechtem Wetter oder spiele mit unangenehmen Mitspielern."

Die Antworten sind natürlich nur Vorschläge und können individuell angepasst werden. Ihre Gedanken werden während des Turniers viel seltener abschweifen, wenn Sie diese fünf Fragen einmal prinzipiell für sich beantwortet haben. Sobald ein störender Gedanke auftaucht, nehmen Sie diesen bewusst wahr und konzentrieren Sie sich danach wieder auf die eigentliche Aufgabe. Mit einiger Übung werden Sie merken, dass Sie während der Runde Ihren aktuellen Gesamtscore immer häufiger vergessen. Um das zu unterstützen, gibt es einen ganz praktischen Ratschlag: Schreiben Sie Ihren Score auch in Übungsrunden auf! Tun Sie das nämlich nicht, müssen Sie Ihren Score im Kopf behalten und ständig die Schlagzahlen der vergangenen Löcher rekapitulieren. Schließlich wollen Sie am Ende ja wissen, wie Sie gespielt haben. Wenn Sie jedoch das Ergebnis jedes Loches vor dem nächsten Abschlag aufschreiben, können Sie Ihren Zwischenstand getrost vergessen. Damit Sie sich beim Aufschreiben am nächsten Loch nicht wieder an die vorausgegangenen Ergebnisse erinnern, können Sie folgenden Trick anwenden: Mit Hilfe von Büroklammern befestigen Sie an Ihrer Scorekarte einen Papierstreifen. Schieben Sie diesen Streifen nach jedem Aufschreiben ein Stück tiefer, so dass die aufgeschriebenen Zahlen verdeckt werden. Mit diesem Herunterschieben haken Sie die Löcher auch innerlich ab. Sie werden sich während der Runde zwar hin und wieder an die letzten zwei oder drei Löcher erinnern, es dauert jedoch zu lange, alle Lochergebnisse geistig zu wiederholen und zu addieren, als dass man sich nicht ermahnen könnte, damit aufzuhören.

Eine andere Möglichkeit besteht darin, die Ergebnisse der einzelnen Löcher in seinen Birdie-Maker einzutragen. Die Zahlen stehen dann auf verschiedenen Seiten und es ist unmöglich, sie alle auf einen Blick wahrzunehmen. Auf diese Weise vermeidet man, an das Gesamtergebnis erinnert zu werden. Wem das nicht reicht, trägt hier nur seine Rundenanalyse ein. Dabei werden nur die getroffenen Grüns, die Annäherungen und Putts aufgeschrieben – nicht aber der Score des Loches. Nach der Runde reichen diese Informationen aus, um das Ergebnis zu rekonstruieren. Während der Runde würde diese Rechenarbeit so viel Zeit beanspruchen, dass man es automatisch bleiben lässt.

Speziell an den letzten Löchern, an denen das Vorausberechnen in der Regel zunimmt, werden Sie bemerken, dass eine erhebliche Last von Ihnen fällt, wenn Sie Ihr aktuelles Ergebnis nicht mehr wissen.

Das Spiel in der Gegenwart geht jedoch noch weiter: Eigentlich ist ja auch das Ergebnis eines Loches schon eine Addition mehrerer Einzelleistungen. Warum fühlen wir uns beim Einlochen eines Zwei-Meter-Putts zu einem Birdie besser, als wenn uns ein Putt aus der gleichen Entfernung zum Doppelbogey gelingt?

Weil wir nicht in der Gegenwart leben! Andernfalls würden wir ja keinen Unterschied bemerken. Wer also ausschließlich in der Gegenwart lebt, der macht 72 (oder auch mehr) völlig voneinander unabhängige Schläge und nimmt weder Birdies noch Pars oder Bogeys wahr. Die richtige Einstellung ähnelt der bei einem Stechen im Shoot-Out: Bei Turnieren der PGA-Tour starten am Vortag manchmal zehn Pros zu einem Wettbewerb über neun Löcher. An jedem Loch muss ein Teilnehmer ausscheiden, bis am Ende nur noch einer übrig bleibt. Braucht ein Spieler mehr Schläge als alle anderen, scheidet er aus. Gibt es mehrere Spieler, die sich die höchste Schlagzahl teilen, wird an diesem Loch ein Stechen durchgeführt. Hierzu wird ein Schlag ausgewählt, den alle Spieler, die stechen müssen, von der gleichen Stelle spielen. Wer das schlechteste Ergebnis produziert, fliegt raus. In dieser Situation zählt also nur der jetzige Schlag. Der erste Spieler weiß auch nicht, wie gut sein Schlag sein muss, damit er dabei bleibt. Er versucht einfach, diesen Schlag so gut wie möglich auszuführen – völlig unabhängig davon, was vorher war. Diese Einstellung sollten Sie bei jedem Schlag einer normalen Runde übernehmen. Manche Schläge verleiten uns jedoch, genau das nicht zu tun: so etwa bei einem mittellangen Putt, bei dem man sich nur eine geringe Chance ausrechnet, direkt einzulochen, der aber auch noch nicht so lang ist, dass man einen Drei-Putt befürchtet. Hier ist man häufig nachlässig, liest die Linie überhaupt nicht oder nur unsorgfältig und puttet den Ball unmotiviert Richtung Loch. Genau auf diese Art entstehen unnötige Drei-Putts. Die Ursache für die nachlässige Ausführung ist ein Vorausdenken: „Ich werde sowieso zwei Putts brauchen und ob der zweite aus fünf Zentimetern oder aus dreißig Zentimetern eingelocht werden muss, ist völlig egal."

Es gibt jedoch noch andere Situationen, bei denen man denkt, dass der aktuelle Schlag nicht so wichtig sei: zum Beispiel, wenn man ein extrem breites Fairway vor sich hat, aus dem Wald nur aufs Fairway zurückchippt, einen provisorischen Ball schlägt oder den zweiten Schlag an einem Par-5-Loch „nur" vorlegt. In all diesen Fällen hilft es, klar zu definieren, wo der Ball enden soll und sich in die Situation eines Shoot-Out-Stechens zu versetzen.

Den Aufruf zum Spiel in der Gegenwart formuliert der Schriftsteller John Updike auf unnachahmliche Weise: *„Ergebt euch dem Rhythmus der Hügel und Senken und spielt den Schlag, der gerade ansteht – nicht den vorigen und nicht den nächsten, sondern den, der euch zu Füßen liegt, mitten in dem Unkraut, in das ihr ihn gespielt habt."*[13]

Gedanklich im Hier und Jetzt zu bleiben ist kein Widerspruch zu der Forderung, sich zuweilen in Selbstdisziplin zu üben und Dinge zu tun, die einem angenehmeren Zustand in der Zukunft dienen. Nur wer beides beherrscht, kann bewusst wählen: Zuerst Planen und danach in die Gegenwart zurückkehren.

Achtes Kapitel: Selbstverwirklichung

Erfolg darf sich nicht über Resultate definieren. Eine nützlichere Definition lautet: Erfolg ist innerer Friede, in dem Wissen, dass man sein Bestes gegeben hat und sich beständig weiterentwickelt. Im Sinne dieser Definition kann man ständig erfolgreich sein. Wie kann man nun erkennen, ob man seine eigenen Möglichkeiten voll ausschöpft?

Ebenso wenig wie ein Übergewichtiger seinen Durchhaltewillen beim Abnehmen auf die Probe stellen kann, solange er mit vollem Magen dasitzt, oder jemand, der das Rauchen aufgeben will, die Festigkeit seines Entschlusses prüfen kann, wenn er die letzte Zigarette ausgedrückt hat, kann man nach der Lektüre eines Psychologie-Buches wissen, ob man sich weiterentwickelt hat.

Lernen bedingt Verhaltensänderung: Wer wirklich Fortschritte macht, wird in schwierigen Situationen anders denken und handeln. Es fällt leicht, sich jetzt im Sessel vorzunehmen, in scheinbar aussichtslosen Situationen souverän zu bleiben; Gelassenheit zu bewahren, wenn es beim Golfspielen gut läuft, ist auch kein Problem. Sich selbst beweisen, wie viel man gelernt hat, kann man jedoch erst in der kritischen Situation, in der einem Leistung wichtig und Psychologie egal ist, weil sich die ganze Welt gegen einen verschworen zu haben scheint.

Eine dauerhafte Veränderung von Denk- und Handlungsgewohnheiten ist ungeheuer schwierig. Wiederholung ist deshalb bei psychischen Prozessen genauso gefragt wie bei physischen. Geben Sie daher nicht auf, wenn es in der ersten Runde nicht klappt oder, was noch schlimmer wäre, wenn es anfangs klappte, aber später nicht mehr. In diesem und im nächsten Kapitel bekommen Sie Hilfsmittel, die Ihnen das Protokollieren Ihrer psychologischen Fortschritte erleichtern. Betrachten Sie sie daher nicht als einmaligen Test, sondern konfrontieren Sie sich regelmäßig mit den für Sie unangenehmen Fragen. Sie sind gewissermaßen die psychologische Rundenanalyse und sollten nach jeder Runde beantwortet werden. Machen Sie das ruhig schriftlich und heben Sie die Antworten auf. Wenn Sie später einmal die weiter zurückliegenden Antworten mit den aktuellen vergleichen, können Sie feststellen, ob Sie Fortschritte gemacht haben.

1. Habe ich bei der Vorbereitung und Ausführung jedes Schlages mein Bestes gegeben?
   „Ich habe weder innerlich aufgegeben, noch kann ich sagen, ich hätte besser gespielt, wenn ich mich mehr angestrengt hätte. Ich habe das Risiko auf mich genommen, trotz vollen Engagements kein gutes Ergebnis zu erzielen."
2. Habe ich zu keiner Zeit Rechtfertigungen vorgebracht – weder vor mir noch vor anderen?
   „Entschuldigungen habe ich nicht gebraucht: ich habe mich immer voll verantwortlich gefühlt."

3. Habe ich in der Gegenwart gelebt?
   „Ich habe weder meinen Score vorausberechnet, noch habe ich gejammert oder mich geärgert."
4. Hatte ich mein Verhalten während der Runde vollkommen unter Kontrolle?
   „Mein Verhalten habe ich bewusst gesteuert und es war deshalb von meinen Leistungen unabhängig."
5. Hatte ich meine Angst unter Kontrolle?
   „Ich hatte weder Angst, mich vor anderen zu blamieren, noch davor, eigene Schwächen zu entdecken oder Chancen nicht zu nutzen."
6. Habe ich etwas dazugelernt?
   „Bei den schlechten Schlägen gab es keinen direkten Grund zur Freude, aber ich habe immer versucht, etwas aus ihnen zu lernen."
7. Habe ich das Golfspiel genossen?
   „Ich hatte Freude am Ausführen der Schläge, nicht nur an guten Resultaten."

Wenn Sie nach einer Runde alle Fragen in der vorgeschlagenen Weise beantworten können, war Ihre Runde ein Erfolg – ungeachtet des Scores.

Neuntes Kapitel: Selbstachtung und dauerhafte Zufriedenheit

Dauerhafte Zufriedenheit ist der Lohn auf dem Weg des Meisters. Sie kann keinesfalls durch einen Schnellkurs in Psychotechnik erreicht werden und ergibt sich auch nicht automatisch mit dem Ausschöpfen der eigenen Möglichkeiten. Man muss außerdem lernen, sich mit der eigenen Unvollkommenheit abzufinden: Man kann nicht mehr als sein Bestes geben. Perfektion bleibt unerreichbar. Vielleicht werden andere, die ihr Potenzial nicht einmal zu einem Bruchteil ausschöpfen, auf Grund ihres Talents immer überlegen bleiben. Aber auch damit muss man sich abfinden. Wem das gelingt, der wird größtmögliche und dauerhafte Zufriedenheit erleben. Die folgende Übersicht fasst die wichtigsten Eigenschaften des Spielers zusammen, der den Weg des Meisters eingeschlagen hat. Zur einfacheren Unterscheidung findet sich auf der rechten Seite immer das Gegenbeispiel. Seien Sie einmal selbstkritisch und markieren Sie Ihre Schwächen. Wenn Sie dann an diesen Eigenschaften arbeiten wollen, können Sie die entsprechenden Kapitel noch einmal lesen. Halten Sie sich auch an die Reihenfolge der Fragen von oben nach unten, denn die Eigenschaften bauen aufeinander auf.

Der zufriedene Golfer:	Der unzufriedene Golfer:
– spielt aus Lust an der Sache	– wird von Leistung und Anerkennung motiviert
– ist selbstmotiviert	– muss oft angestoßen werden
– ist unabhängig vom Talent	– hat viel Talent oder bedauert, dass er zu wenig hat
– ist selbstdiszipliniert	– sucht den schnellen Spaß
– ist beharrlich auch in schwierigen Zeiten und flexibel bei der Suche nach Lösungen	– verliert schnell die Lust und versucht es immer auf die gleiche Weise
– hat Spaß am Training	– trainiert ungern
– sagt: „Es mag schwierig sein, aber es ist möglich."	– sagt: „Es mag möglich sein, aber es ist zu schwierig."
– kann Fehler und vergebene Chancen schnell vergessen	– trauert vergebenen Chancen lange nach
– ist neugierig und will dazulernen	– will sein Selbst- und Weltbild aufrecht erhalten
– ist zu sich selbst und anderen aufrichtig	– betrügt sich zuweilen selbst und auch mal andere
– denkt und handelt übereinstimmend	– denkt und handelt manchmal widersprüchlich
– übernimmt Verantwortung für seine Leistungen	– gibt anderen die Schuld oder rechtfertigt sich
– hat immer einen Plan	– hat immer eine Ausrede
– bleibt gelassen unter Druck	– neigt unter Druck zu Verkrampfung

Selbstachtung

Der zufriedene Golfer:	Der unzufriedene Golfer:
– kann seine Aufmerksamkeit auf das Golfspiel lenken, aber auch abschalten	– lässt sich schnell ablenken, denkt aber zwischen den Schlägen ständig ans Golf
– nimmt Glück und Pech gelassen hin	– ärgert sich über Pech, schämt sich für sein Glück
– ist gut im Problemlösen und im Umgang mit Stress	– gerät bei Problemen öfter in Panik oder gibt einfach auf
– ist wohlwollend gegenüber anderen	– ist oft neidisch
– spielt im Training und Turnier gleich gut	– spielt unter Druck schlechter oder strengt sich im Training nicht an
– vergleicht sich mit sich selbst	– vergleicht sich meist mit anderen
– hat ein ausgeprägtes Selbstvertrauen	– ist oft unsicher
– kennt seine Grenzen	– überschätzt sich leicht
– nimmt berechtigte Kritik offen an	– empfindet Kritik als Angriff und verteidigt sich
– arbeitet kontinuierlich an sich	– lehnt sich gerne selbstzufrieden zurück
– kann Leistungsschwächen als etwas von sich Getrenntes sehen	– identifiziert sich oft mit seinen Leistungen und stellt sich selbst in Frage, wenn die Leistung nicht stimmt
– will sich seine Selbstachtung verdienen	– will von den anderen geachtet werden

Dritter Teil:
Hilfen auf dem Weg

„Golfer brauchen nicht viele psychologische Techniken, wenn sie eine solide philosophische Grundlage besitzen. Diese Techniken sind bestenfalls notdürftige Lösungen für Spieler mit untauglichen Lebensphilosophien." [14]

BOB ROTELLA

Sie kennen nun den Weg des Meisters. Im dritten Teil dieses Buches geht es nun um folgende Techniken: Meditation, Visualisieren und Schlagroutine. Techniken sind jedoch kein Ersatz für den Weg des Meisters, sondern können ihn nur unterstützen.

Zehntes Kapitel: Meditation

Mit Meditation verbinden die meisten von uns kahl geschorene Köpfe, orangefarbene Kutten, Betteln für den Lebensunterhalt im tibetischen Kloster und stundenlanges Rezitieren von Mantras in unbequemer Sitzhaltung – kurz: Weltflucht und Askese. „Da spiele ich doch lieber noch mal neun Löcher", werden Sie vielleicht sagen. Wenn Sie der Weg des Meisters jedoch prinzipiell überzeugt hat und Sie eventuell nur noch mit der Umsetzung Schwierigkeiten haben, sollten Sie die Meditation nicht gleich verwerfen: Fast alle Eigenschaften, die im zweiten Teil dieses Buches behandelt wurden, werden durch die Meditation gefördert. Bevor ich den Beweis antreten kann, muss jedoch klar sein, worum es beim Meditieren eigentlich geht und wie es funktioniert:

Suchen Sie sich zu Anfang eine ruhige, leicht abgedunkelte Umgebung, in der sie fünfzehn Minuten ungestört sitzen können. Am besten setzen Sie sich mit möglichst geradem Rücken im Schneidersitz auf ein Sitzkissen. Schließen Sie Ihre Augen und richten Sie Ihre Konzentration jetzt einfach auf Ihren Atem. Sie fühlen bewusst, wie die Luft durch Ihre Nase einströmt und wieder ausströmt. Das ist eigentlich schon alles, was Sie wissen müssen. Ein Zen-Meister würde Sie nun allein mit diesen Anweisungen mehrere Wochen üben lassen. Doch schon die ersten fünf

Minuten, in denen Sie scheinbar nichts tun, werden Ihnen wie eine Ewigkeit vorkommen. Schließlich sind wir alle darauf programmiert, jede Minute unseres Lebens „produktiv“ zu nutzen. Die folgenden Informationen sollen deshalb helfen, Ihr Durchhaltevermögen zu unterstützen:

Ihrem Verstand ist es natürlich viel zu langweilig, sich auf eine so profane Beschäftigung wie das Atmen zu konzentrieren – er wird sich schon nach wenigen Sekunden dagegen auflehnen und an etwas Interessanteres denken wollen. Unweigerlich werden auch bei Ihnen die üblichen Gedankenketten einsetzen: Wünsche, Abneigungen, Ruhelosigkeit, Trägheit oder Zweifel werden Sie davon abhalten, sich auf Ihren Atem zu konzentrieren. Das ist völlig normal. Sobald Sie bemerken, dass Ihre Aufmerksamkeit von Ihrem Atem abweicht, lenken Sie sie einfach wieder darauf zurück. Ziel während der Meditation ist es, die Gedanken einfach vorbeiziehen zu lassen, ihnen nicht nachzuhängen oder sie zu beurteilen. Versuchen Sie Ihre Gedanken auch nicht verkrampft zu unterdrücken und mit aller Gewalt eine geistige Leere im Gehirn zu erzeugen. Nehmen Sie die Gedanken mit Achtsamkeit wahr und konzentrieren Sie sich dann wieder auf Ihren Atem. Sie begeben sich also in die Perspektive eines Beobachters und schauen Ihren Gedanken gelassen zu. Lösen Sie sich möglichst von dem Wunsch, mit der Meditation etwas erreichen zu wollen. Im Gegensatz zum autogenen Training, dem positiven Denken, der

Autosuggestion und der Selbsthypnose, muss man sich beim Meditieren die Entspannung auch nicht einreden, sie entsteht vielmehr als Nebeneffekt, wenn es gelingt, in die Rolle eines unbeteiligten Zeugen zu schlüpfen, der seine eigenen Gedanken beobachtet.

Die Einstellung, die uns sagt, dass wir uns mehr anstrengen müssen, wenn wir keinen Erfolg haben, hilft beim Meditieren nicht weiter. Hier ist das Prinzip des „erwartungslosen Bemühens" besonders wichtig.

Unsere umherschweifenden Gedanken nehmen wir im Alltag nicht besonders wahr, weil wir sie für unser eigentliches Selbst halten – kurz: Ich „bin" meine Gedanken. Dass dem nicht so ist, können wir beim Meditieren erkennen, denn hier erheben wir uns über unsere Gedanken und schauen ihnen zu. Das gelingt am besten, wenn man jeden Gedanken etikettiert, sobald man ihn bemerkt. Taucht beim Meditieren zum Beispiel der Gedanke an ein neues Auto oder einen schönen Urlaub auf, kleben Sie das Etikett „Wünsche" darüber und kehren wieder zu Ihrem Atem zurück. Nach kurzer Zeit denken Sie vielleicht an das bevorstehende Treffen mit Ihrem Chef. Sie kleben das Etikett „Sorgen" darüber und konzentrieren sich wieder auf das Atmen. Jetzt taucht vielleicht die Frage auf: Was mache ich hier eigentlich? Sie kleben einfach das Etikett „Zweifel" darüber und atmen konzentriert weiter. Das kann eine sehr spannende Angelegenheit werden. Von dieser Seite haben Sie sich bestimmt noch nicht kennen gelernt. Glauben Sie mir, das ist viel spannender als das übliche Tagträumen. Versuchen Sie jedoch nicht, Ihre Gedanken zu verändern. Sie brauchen auch nicht enttäuscht zu sein, wenn Ihre Meditation zu einem Großteil aus dem Bewusstwerden unangenehmer Gedanken besteht – so lange Sie immer wieder zu Ihrem Atem zurückkehren. Bevor Sie weiterlesen, sollten Sie das gerade Beschriebene jetzt ausprobieren – mindestens fünf Minuten lang.

Wenn Sie jetzt wirklich fünf Minuten meditiert haben, können Sie mit dieser Erfahrung die folgenden Erklärungen besser nachvollziehen: Die erste Fähigkeit, die durch regelmäßiges Meditieren gefördert wird, ist natürlich die Selbstdisziplin. Obwohl wir hier nur über eine Viertelstunde pro Tag reden, fallen einem immer wieder die abenteuerlichsten Ausreden ein, warum man heute einfach keine Zeit hat. Hierzu ein kleiner Zeitspar-

Tipp: Der Bundesbürger verbringt im Durchschnitt zweieinhalb Stunden vor dem Fernseher – und zwar täglich! Reduzieren Sie diese Zeit einfach um ein lächerliches Zehntel und Sie haben Ihre Viertelstunde.

Die zweite Eigenschaft, die durch das Meditieren gefördert wird, ist die Selbsterkenntnis: Man erkennt Aspekte der eigenen Persönlichkeit, zu denen man anders kaum Zugang fände. Auch die Selbstbestimmung kann zunehmen: Wer beim Meditieren übt, seinen Gedanken zuzuschauen, wird das irgendwann auch im Alltag tun. Äußere Reize werden dann nicht mehr so leicht das Verhalten diktieren. Mit anderen Worten: Gelassenheit nimmt zu, Aggressivität verringert sich. Die größte Veränderung spürt der Meditierende bei der Selbstvergessenheit: Da sich seine Konzentrationsfähigkeit stark verbessert, lässt er sich immer weniger von seiner eigentlichen Tätigkeit ablenken. Wenn er Golf spielt, spielt er Golf, wenn er arbeitet, dann arbeitet er – statt beim Arbeiten an das Golfspiel zu denken und beim Golf an die Arbeit. Schließlich wird jeder Ihrer Schläge zu einem meditativen Vorgang: indem Sie den aktuellen Schlag so bewusst und intensiv ausführen, dass die Sorge über das Resultat erst gar nicht aufkommt.

Grundsätzlich gilt: Wer meditiert, sucht das Glück nicht mehr allein außerhalb seiner selbst; er versucht Zufriedenheit zuerst im Inneren zu finden. Danach kann er dann äußere Annehmlichkeiten bewusst auswählen und muss nicht zwanghaft seine innere Leere vertreiben, die ihn ja doch nur wieder einholen würde. Äußere Freuden sind dann lediglich angenehmes Beiwerk, nicht mehr Substanz. Dazu muss man nicht aus der Zivilisation flüchten, ein Haus im Wald bauen und ausschließlich von Selbstangebautem leben. So geht es natürlich auch: Sobald die Geschäftigkeit fehlt und die Umgebung still wird, kann man nicht mehr vor sich selbst davonlaufen und es kommt unweigerlich das hervor, was sich im Inneren abspielt. Man kann jedoch mit Hilfe der Meditation, auch inmitten des Alltags, die Tür zur Selbsterkenntnis aufstoßen. Voraussetzung ist jedoch regelmäßiges Meditieren. Es nützt Ihnen nicht viel, immer nur dann zu meditieren, wenn Sie gerade mal Lust oder Zeit haben. Wer entschlossen ist, dauerhafte innere Zufriedenheit zu seinem Ziel zu machen, plant sein äußeres rund um sein inneres Leben anstatt umgekehrt.

Elftes Kapitel: Visualisieren

Früher empfahlen viele Spitzenspieler, den Ballflug nach der Schlagplanung zu visualisieren. Jack Nicklaus nannte das: „ins Kino gehen". Er sah sich dabei den Film des kommenden Schlages als erfolgreiche Version an. Dies wurde von unzähligen Autoren so oft wiederholt, bis es niemand mehr in Frage stellte. Wer sich jedoch sein gewünschtes Resultat kurz vor dem Schlag noch einmal ausführlich vorstellt, wird sich anschließend kaum von dieser Erwartung lösen können. Bei der Schlagplanung muss man sich den Ballflug natürlich vorstellen – aber nicht in der tatsächlichen Zeit, über sieben Sekunden hinweg. Denkt man an den Ballflug, statt an den Schwung, also an das Handlungsergebnis, statt an die Ausführung, ist das eigentlich kein Visualisieren. Das Visualisieren nach Jack Nicklaus ist somit nur eine Form des positiven Denkens, das zur Enttäuschung führt, wenn die Erwartungen unerfüllt bleiben.

Das eigentliche Visualisieren wurde wissenschaftlich ausführlich untersucht und für zweckdienlich befunden. Hierbei nutzt man den so genannten Carpenter-Effekt: Carpenter entdeckte, dass man durch bloßes Vorstellen der Bewegung dieselben Muskeln aktivieren kann, die auch bei der tatsächlichen Ausführung beteiligt sind. Man kann so, fernab von der Übungswiese, seine Technik weiter einschleifen. Vor dem Schlag ist dieses so genannte ideomotorische Training allerdings nicht notwendig: Hier kann man einen Probeschwung machen; dabei erhalten die Muskeln viel stärkere Reize als beim bloßen Vorstellen. Turmspringer, Ski- und Bobfahrer können das nicht. Deshalb müssen diese Athleten ihren „Probeschwung" geistig vollziehen. Jeder kennt das Bild des Skifahrers, der kurz vor dem Rennen den Hang in seiner Vorstellung mit geschlossenen Augen abfährt.

Lebhaftes Vorstellen kann Ihnen am meisten helfen, wenn Sie es dazu nutzen, das Training realistischer zu gestalten. Ein scheinbares Paradox: Beim Training sollte man sich vorstellen, es ginge bei jedem Schlag um die British Open – und spielt man tatsächlich die British Open, versucht man, sich bei jedem Schlag so zu fühlen, als handele es sich um einen Trainingsschlag. Eine amüsante Geschichte verdeutlicht das sehr anschaulich:[15]

> Ein reicher Mann will einem erfolglosen Playing-Pro beweisen, dass dessen Putt-Training unrealistisch ist und damit wertlos. Der reiche Mann legt hierzu einen Ball im Abstand von einem Meter zum Loch auf das Putting-Grün und bietet dem jungen Playing-Pro folgende Wette an:
> „Ich wette eintausend Dollar, dass Sie den Ball nicht einlochen können."
> „Hören Sie", antwortet der Playing-Pro „ich habe mich zwar noch nicht für die Tour qualifizieren können, aber ich lebe vom Golfspiel und könnte

wahrscheinlich zwanzig solcher Ein-Meter-Putts in Folge lochen. Ich will Ihnen nicht Ihr Geld stehlen."
„Ich biete Ihnen diese Wette trotzdem an, solange Sie mir die Chance geben, mein Geld zurückzugewinnen", antwortet der reiche Mann.
„Wenn Sie darauf bestehen."
Der Playing-Pro setzt daraufhin seinen Putter hinter den Ball, nimmt seine Haltung ein und schaut noch einmal kurz zum Loch. Da er keinerlei Unebenheiten wahrnimmt, kann er sich ein freudiges Grinsen nicht verkneifen – das würden die leicht verdientesten tausend Dollar seines Lebens. Er holt wie gewohnt aus, trifft optimal, der Ball rollt mit genau der richtigen Geschwindigkeit auf sein Ziel zu und verschwindet schließlich in der Mitte des Loches.
„Ich hatte Sie gewarnt!"
Ohne mit der Wimper zu zucken, händigt ihm der reiche Mann einen Tausend-Dollar-Schein aus.
Der Playing-Pro nimmt das Geld dankend an und gratuliert sich innerlich zu so einem Schnäppchen.
Währenddessen legt der reiche Mann schon einen zweiten Ball an dieselbe Stelle.
„Zehntausend Dollar, dass Sie denselben Putt jetzt vorbeischieben."
„Zehntausend Dollar?" schluckt der Playing-Pro. Aber er kann nicht ablehnen, schließlich hat er zugestimmt, dem reichen Mann eine Chance zu geben, sein Geld zurückzugewinnen. Natürlich hat

er nicht damit gerechnet, dass die Wette um das zehnfache erhöht würde.
Sichtlich nervös spricht er nun den zweiten Ball an.
„Was, wenn ich den tatsächlich vorbeischiebe? Wo in der Welt bekomme ich neuntausend Dollar her? Nein, ich kann nicht vorbeischieben. Ich habe ja gerade denselben Putt schon einmal gelocht. Aber es könnte passieren. Es wäre nicht das erste Mal. Tatsächlich habe ich in einem Turnier schon einmal einen Putt aus knapp der Hälfte dieser Entfernung vorbeigeschoben..."
Er versucht, diese Gedanken zu verdrängen. Er schaut sich noch einmal die Linie an, richtet den Putter aus und erinnert sich daran, nicht zu früh hochzuschauen – ein Fehler, den er für die meisten verschobenen Putts verantwortlich macht. Doch bevor er ausholen kann, kommt ihm noch ein anderer Gedanke:
„Nur noch eine Frage: Ich hoffe nicht, dass Sie vorhaben die Wette ständig zu erhöhen, bis ich verliere? Ich meine, rein mathematisch gesehen werde ich zwangsläufig irgendwann einmal scheitern."
Der reiche Mann lacht: „Ich kann Ihnen versichern, das ist nicht meine Absicht."
„Also gut."
Der Playing-Pro nimmt sich also noch einmal die Zeit, die Linie zu studieren, richtet dann den Putter aus, verlagert sein Gewicht von einem Fuß auf den anderen bis er ausbalanciert am Ball steht, schaut

noch einmal die Puttlinie entlang, macht einen kleinen Forward-Press, holt schließlich aus und – vielleicht, weil er die Bewegung schnell hinter sich bringen will oder weil die zehntausend Dollar doch ein Haufen Geld sind – gleicht die Vorwärtsbewegung eher einer nervösen Zuckung als einem gelassenen Pendeln. Der Ball startet nach links in Richtung Lochkante. Dem Playing-Pro rutscht das Herz in die Hose, denn er ist sicher, den Ball vorbeigeschoben zu haben. Er schaut zu, wie der Ball die Lochkante schrammt, eine halbe Umdrehung um das Loch macht und schließlich auf der rechten Seite direkt neben dem Loch zur Ruhe kommt. Dem Playing-Pro schlägt das Herz bis zum Hals. Doch noch bevor er schreien kann, scheint es sich der Ball anders zu überlegen und fällt nach winziger Verzögerung doch noch ins Loch.

Der Playing-Pro atmet erleichtert auf. Um ein Haar hätte er verloren, obwohl es so ein einfacher Putt war – fast schon geschenkt. Nur mit Mühe kann er ein hämisches Lachen unterdrücken; er ist schließlich elftausend Dollar vorne.

Der reiche Mann zückt ein riesiges Geldbündel, zählt zehn Scheine ab und gibt sie dem Playing-Pro mit der Miene eines fairen Verlierers.

Dieser hat Mühe, seine zitternden Hände unter Kontrolle zu bringen und die Geldscheine in seine Hosentasche zu stopfen. So viel Geld hatte er noch nie gewonnen.

„Nur noch eine Wette und dann hören wir auf. Hunderttausend Dollar, dass Sie denselben Putt jetzt vorbeischieben."
„Hunderttausend Dollar?" stottert der Playing-Pro.
„Richtig", antwortet der reiche Mann, cool wie der abgebrühteste Zocker.
Dem Playing-Pro scheint das Blut in den Adern zu gefrieren. Hunderttausend Mäuse! Was für eine Gelegenheit! Aber was, wenn er patzte? Er würde ihn niemals auszahlen können und lebenslang für den reichen Mann arbeiten müssen. Schließlich wird ihm klar, dass er nicht ablehnen kann. Im Grunde ist es ja nur ein einfacher Ein-Meter-Putt, von denen er gerade zwei in Folge gelocht hatte. Nun gut, der Letzte war nicht ganz so sicher. Aber er würde den gleichen Fehler nicht noch einmal machen.
Er nimmt seine Haltung ein und versucht etwas von seiner Spannung abzuschütteln. Doch bevor er ausholen kann, verliert er die Kontrolle. Seine Nerven halten einfach nicht stand, denn eine Stimme in seinem Kopf wiederholt ständig: „Hunderttausend Dollar. Hunderttausend Dollar". Schweißperlen tropfen von seiner Stirn. Er merkt, dass er zu atmen aufgehört hat – scheinbar hatte er die letzten dreißig Sekunden die Luft angehalten. In der Hoffnung, etwas lockerer zu werden, atmet er ein paar mal tief ein und aus. Hunderttausend Dollar! Davon könnte er drei Jahre leben. Die Stimme in

seinem Kopf will einfach nicht schweigen. Ein einfacher Ein-Meter-Putt und er wäre hunderttausend Dollar reicher. Seine Hände zittern, seine Handflächen sind nass. Seine Angst ist nicht mehr zu leugnen. Auf einmal scheint der Putt auch nicht mehr so gerade. Vielleicht hatte er bei den ersten beiden Malen nur Glück gehabt. Vielleicht weiß der reiche Mann etwas über diesen Putt, das er nicht weiß. Vielleicht gibt es da einen unsichtbaren Break, der ihn schon beinahe den zweiten Putt gekostet hätte. Da fallen ihm auch wieder andere kurze Putts ein, die er schon verschoben hatte. Er muss sich jetzt zusammenreißen. Er kann nicht ewig über dem Ball stehen bleiben. Es ist ja lächerlich, sich mit einem Ein-Meter-Putt zu quälen. Er weiß natürlich, dass es umso schwieriger wird, je länger er wartet. Mit jeder Sekunde wird er steifer. Das Selbstvertrauen vom ersten Putt ist verflogen und das schlägt sich offensichtlich nieder auf sein Einschätzungsvermögen. Er vermutet, der reiche Mann amüsiere sich göttlich auf seine Kosten. Wenn es doch nur schon vorbei wäre. Er beugt sich also vor, schaut noch einmal zum Loch und schwingt den Putter zurück. Er ist jedoch so nervös, dass der Putter nicht gerade, sondern weit nach außen zurückschwingt. Gott sei Dank gelingt es ihm, den Putt abzubrechen – und damit eine Katastrophe abzuwenden – bevor er die Vorwärtsbewegung eingeleitet hat.

Jeglichen Augenkontakt mit dem reichen Mann vermeidend, geht er verlegen noch einmal ein paar Schritte zurück, um sich mit einigen Probeschwüngen zu lockern. Seine Hände zittern jetzt noch stärker und in seinem Magen scheint gerade ein Luftkrieg zu toben.

Der reiche Mann schaut schweigend und scheinbar teilnahmslos zu, obwohl er natürlich genau weiß, was in dem Playing-Pro vorgeht.

Irgendetwas, das schlimmer ist als Zweifel oder Angst, hat von dem jungen Mann Besitz ergriffen – die grauenhafte Sicherheit, dass er den Ball vorbeischieben wird. Davon ist er jetzt absolut überzeugt. Dieser Putt wird ihn einhunderttausend Dollar kosten! Er hat inzwischen richtige Magenkrämpfe. So schlecht hat er sich in seinem Leben noch nie gefühlt. Er starrt auf das Loch, dann auf seinen Ball, dann zurück auf das Loch. Seine Sicht wurde immer verschwommener; das Loch wird immer kleiner und kleiner und es scheint sich gleichzeitig immer weiter zu entfernen.

Da macht der reiche Mann dem Leiden des jungen Playing-Pros endlich ein Ende; er geht zum Ball und locht ihn mit der Rückseite seines Putters einhändig ein. Jetzt wird dem Playing-Pro klar, dass der reiche Mann mit diesen Wetten nur seine Anfangsbehauptung beweisen wollte und nie wirklich beabsichtigt hatte, ihn um hunderttausend Dollar putten zu lassen.

Zwölftes Kapitel: Schlagroutine

Wie wir an der Geschichte des Playing-Pro sehen konnten, schweifen unsere Gedanken vor und während des Schwunges gerne ab: entweder auf die große Bedeutung des Schlages oder auf die möglichen Folgen eines Misslingens. Hierbei setzt man sich mit der eigenen Person auseinander, statt mit der auszuführenden Handlung. Um das zu vermeiden, durchlaufen alle Spitzenspieler eine Pre-Shot-Routine. Erstens ist man dadurch vor dem Schlag beschäftigt, sodass keine Zeit bleibt, über ein mögliches Scheitern nachzudenken. Und zweitens verknüpft sich die Routine nach einer Weile mit der hohen Konzentration und hilft, diese schneller zu erreichen. Neben der Schlagvorbereitung sollte man auch das Verhalten nach dem Schlag und nach der Runde schulen, denn das Verhalten der meisten Golfer ist hier eher unproduktiv. Doch dazu am Ende dieses Kapitels mehr.

Pre-Shot-Routine

Im Verlauf dieses Buches hieß es schon mehrfach, dass jeder Schlag perfekt vorbereitet werden sollte. Jetzt erfahren Sie, wie eine perfekte Vorbereitung genau auszusehen hat. Viele Punkte werden Sie schon immer ausgeführt haben, aber vielleicht nicht in einer festgelegten Reihenfolge, andere lassen sich eventuell noch verbessern.

1. Planen Sie Ihren Schlag genau. Legen Sie das Ziel fest und bestimmen Sie die Entfernung. Dabei sollten Sie alle Einflüsse berücksichtigen: Wind, Regen, Temperatur, Höhendifferenz, Bodenzustand, Fahnenposition, Hindernisse, Lage des Balles usw. Weitere Fragen lauten: Wie waren die letzten Schläge? Wie liegt mir der benötigte Schläger? Wie ist mein Schwunggefühl zurzeit? Auf Grund dieser Informationen müssen Sie jetzt entscheiden, wie Sie den Ball spielen werden. Diese Entscheidung darf nicht mehr in Frage gestellt werden, sobald Sie zum zweiten Punkt der Routine übergehen. Sollten Sie später doch einmal größere Zweifel bekommen, müssen Sie die Routine ganz von neuem beginnen. Vermeiden Sie auf jeden Fall, Ihre Entscheidung während der Routine, je nach Gefühlslage, ständig zu verändern. Auf diese Weise wird es nach dem Schlag unmöglich, die Entscheidung auf ihre Qualität hin zu untersuchen.
2. Führen Sie einen Probeschwung durch. Er dient dazu, sich auf den gewählten Schläger und den geforderten Schlag einzustellen.
3. Nun gehen Sie mehrere Schritte hinter den Ball, um sich zu sammeln. Atmen Sie tief durch. Wenn Sie jetzt noch die Umwelt wahrnehmen oder Erwartungen hegen, sollten Sie diese Gedanken nicht verkrampft unterdrücken – lassen Sie sie einfach

vorbeiziehen, wie ein unbeteiligter Zuschauer. Auf diese Weise vermeidet man Ablenkungen am besten. Jetzt müssen Sie zu Ihrer Entscheidung stehen! Alle Dinge, die von nun an passieren, geschehen ohne Zweifeln und Zögern. Es ist besser, eine verkehrte Entscheidung entschlossen durchzuführen, als eine richtige Entscheidung halbherzig.

4. Gehen Sie nun zum Ball. Richten Sie das Schlägerblatt aus und greifen Sie den Schläger mit dem endgültigen Griff.
5. Nach dem Ausrichten des Schlägerblattes wird der Stand dem Schlägerblatt angepasst. Die Körperausrichtung folgt also der Schlägerausrichtung – und nicht umgekehrt.
6. Jetzt schauen Sie noch einmal zum Ziel. Sie korrigieren weder Griff noch Ausrichtung. Der Blick dient nur dazu, das Ziel noch einmal ins Auge zu fassen. Spätestens jetzt müssen Sie sich von dem Bedürfnis nach Perfektion lösen. Perfektionismus war hilfreich bei der Vorbereitung, ist jetzt jedoch eher schädlich. Die Suche nach absoluter Sicherheit im letzten Moment ist müßig – es gibt sie nicht. Auch bei aufkommenden Zweifeln muss man einfach weitermachen. Andernfalls lernt man nie, sich selbst zu vertrauen. Korrekturen unmittelbar vor dem Schlag können bisweilen erfolgreich sein, dazulernen wird man so jedoch nicht: Wer nie von der Entscheidungsfindung auf bedingungsloses Ausführen umschaltet, wird auch seine Angst nicht los.

7. Um zu vermeiden, dass Sie nun – kurz vor dem Schlag – verkrampfen, führen Sie einen Waggle durch. Hierbei wird der Schläger aus den Unterarmen und Handgelenken hin und her bewegt, so dass man merkt, wenn die Muskeln zu angespannt sind. Beim Waggle deutet sich auch die geplante Bewegung an. Der Waggle eines beabsichtigten Fades unterscheidet sich beispielsweise von dem eines geplanten Draws. Der Waggle führt schließlich fließend zu der letzten, auslösenden Bewegung. Mit einer solchen vorgeschalteten Bewegung wird es leichter, aus einer statischen Haltung heraus fließend und nicht ruckartig zu starten. Man nutzt gleichsam einen fliegenden Start. So kann man zum Beispiel den Schläger als Auslöser auf den Boden stellen und sofort danach ausholen.
8. Nun wird der Schwung erwartungslos, bestmöglich und frei ausgeführt: Erwartungslos heißt, man beschäftigt sich nicht mehr mit dem Resultat, sondern nur noch mit der bestmöglichen Ausführung. Frei bedeutet, man lässt die Bewegung geschehen und versucht nicht durch Steuern in der Vorwärtsbewegung etwaige Fehler in der Ausholbewegung auszugleichen – aber dazu mehr im nächsten Abschnitt.

Post-Shot-Routine

Mit Post-Shot-Routine bezeichne ich alle Dinge, die nach dem Treffmoment passieren. Sie ist ein immens wirkungsvolles Mittel, mit dem Sie Ihre Selbstkontrolle sowie Ihre Gelassenheit überprüfen können – und damit auch Ihre Fortschritte auf dem Weg des Meisters. Die Post-Shot-Routine dient keinesfalls dazu, andere mit der erlangten Selbstbeherrschung zu beeindrucken; der Hauptvorteil für Ihr Spiel liegt vielmehr darin, dass Sie in einem ausgeglichenen Zustand besser aus Ihren Schlägen lernen können.

9. Schwingen Sie ohne Manipulation immer in ein gleiches Finish. Fortgeschrittene Spieler neigen oft dazu, durch eine steuernde Bewegung im Durchschwung, den Ballflug noch beeinflussen zu wollen. Dies ist ein sicheres Zeichen, dass die anfangs getroffene Entscheidung über die Spielweise spätestens hier geändert wurde. Doch das Steuern führt nur äußerst selten zum Erfolg, verringert noch dazu das Vertrauen in die eigene Bewegung und außerdem die Chance, etwas aus dem Schlag zu lernen. Beim kurzen Spiel ist es beispielsweise besonders wichtig, ein zu langes Ausholen nicht durch ein Bremsen in der Vorwärtsbewegung zu korrigieren. Das mag im Einzelfall zum gewünschten Resultat führen; ein gutes Gefühl für die Dosierung bekommt man so jedoch nie. Nach einem konsequenten Durchschwung wird zwar der ein oder andere Ball an-

fangs viel zu weit fliegen, doch man bekommt jedes Mal die eindeutige Rückmeldung: „Für diese Entfernung war dieses Ausholen zu lang!" Danach wird man immer öfter nur so viel ausholen, dass der Schläger ungebremst durch den Ball geschwungen werden kann.

10. Kontrollieren Sie Ihre Sprache und Ihr Verhalten. Es ist erstaunlich, dass die meisten fortgeschrittenen Spieler mit ihren Bällen reden: „Flieg", „Komm runter", „Beiß", „Geh rein" usw. Doch in der 500-jährigen Geschichte des Golfsports gab es bis jetzt keinen Fall, bei dem nachgewiesen werden konnte, dass der Ball seine Richtung oder Geschwindigkeit tatsächlich auf Grund der Anweisungen des Spielers geändert hätte. Das Reden mit dem Ball zeigt nur, dass man noch keine gelassene Haltung zu seinen Schlagresultaten hat. In der Nachbetrachtung muss man ohnehin meist feststellen, dass man nur Unsinn geredet hat. Wer zum Beispiel *„Komm runter"* ruft und dann sieht, dass der Ball sogar zu kurz bleibt, sollte an seinem Ritual langsam zweifeln. In dem Moment, da der Ball den Schlägerkopf verlässt, ist der Schlag Geschichte. Wer sich jetzt noch mit seinen Wünschen in Bezug auf den Flug des Balles beschäftigt, denkt über Vergangenes nach. Nach dem Schlag schweigen zu können, ist natürlich noch kein Beweis wahrer Gelassenheit; wer diese Selbstkontrolle jedoch noch vermissen lässt, beweist mangelnde Gelassenheit.

Oft liegt der Grund für das Reden auch in der Sorge um die Außenwirkung. Mit „Komm runter“ will man seinen Mitspielern signalisieren: „Ich wusste schon im Treffmoment, dass dieser Ball zu weit fliegt, bin also kompetenter als jemand, der von seinem Schlagresultat überrascht wird.“ Egal ob die Ursache des Redens der naive Wunsch ist, den Ball zu dirigieren oder der nicht minder naive Wunsch, die Mitspieler zu beeindrucken: in beiden Fällen nimmt man sich auch hier die Chance, in sich zu gehen, die Bewegung und das Schlagresultat miteinander zu vergleichen und dabei etwas zu lernen.

Die Erfahrung zeigt, dass es einige Trainingsrunden dauert, bis die Kontrolle der Sprache verinnerlicht ist. Danach können Sie jedoch noch einen Schritt weitergehen und Ihre Körpersprache einbeziehen. Das Ziel der Post-Shot-Routine ist erreicht, wenn Sie es schaffen, sich nach jedem Schlag so zu verhalten, dass Zuschauer, die den Ball nicht sehen konnten, allein auf Grund Ihrer Körpersprache nicht auf die Qualität Ihres Schlages schließen können.

11. Beobachten Sie Ihren Ball bis zum Ende. War der Schlag schlecht und könnte es schwierig werden, den Ball zu finden, ist es besonders wichtig, ihn bis zum Ende zu verfolgen und sich zu merken, wo er liegt. Dadurch können Sie unmittelbar Schläge sparen. Unzählige Bälle mussten schon im Freien übernachten, weil sich ihre Besitzer im Ärger über den verzogenen Schlag entsetzt abgewendet haben. War der Schlag gut und sind Sie sicher, dass Sie den Ball auf jeden Fall finden werden, sollten Sie ihn trotzdem bis zum Ende beobachten. Schließlich sind solche Schläge der Hauptgrund, warum wir Golf spielen.
12. Auch wenn der Ball zur Ruhe gekommen ist, sollte die Selbstkontrolle nicht aufhören: Lassen Sie Ihr Schlagresultat unkommentiert. Weder ein schlechter, noch ein besonders guter Schlag bedarf eines Kommentars – das Resultat spricht für sich. Dies ist nicht etwa nur eine Frage der Etikette, sondern dient – genau wie das Schweigen während des Ballfluges – dazu, ein gelasseneres Verhältnis zu seinen Schlagresultaten zu bekommen. Man sollte auf seine Schläge innerlich und äußerlich immer so

reagieren, als hätte ein anderer geschlagen: weder übertriebene Freude noch Ärger sind hilfreich. Um einem Missverständnis vorzubeugen: Es geht nicht darum, Freude zu unterdrücken. Kritisch ist jedoch die aggressive Freude. Die geballte Faust und der Entladungsschrei zeugen nur davon, dass dem Schlagresultat eine zu große Bedeutung beigemessen wird. Der Genuss wird hierdurch nicht größer. Im Gegenteil: Die stille Freude mit dem Gefühl, sich unter Kontrolle zu haben, steigert den Genuss viel eher. Nach schlechten Schlägen sollten Sie versuchen, die Ursache zu ergründen: War die Vorbereitung nicht optimal? Waren Sie unentschlossen? Gab es störende Gedanken? Haben Sie Ihren Plan kurz vor dem Schlag geändert? Wenn Sie mit der Schwungausführung nicht zufrieden waren, sollten Sie noch einen Probeschwung machen, der zu einem guten Schlagresultat führen würde. Hier gibt es oft Einwände: „Warum soll ich mir nach einem schlechten Schlag Gedanken über die Ursache machen, statt ihn einfach zu vergessen?" Weil es Ihnen nicht gelingen wird. Sie werden einen schlechten Schlag nicht vergessen können, ohne die Ursache zu klären. Zumindest unbewusst werden Sie weiter nach dem Grund fahnden; und das dauert länger, als eine bewusste Ursachenforschung gleich nach dem Schlag. An der Technik arbeitet man jedoch erst nach der Runde – und zwar am richtigen Ort: auf der Driving-Range.

13. Sobald der Schlag verarbeitet ist, sollten Sie sich von den Gedanken an Golfschläge lösen. Erst kurz vor dem Erreichen des Balles schalten Sie wieder auf Golf um. Ein Grund, warum manche Golfer am Ende der Runde nachlassen, liegt in der Einteilung ihrer Konzentration: Es ist absolut unmöglich, sich vier Stunden ununterbrochen zu konzentrieren. Man muss sich deshalb zwischen den Schlägen entspannen. Doch wie macht man das? Gespräche mit den Mitspielern, wenn sie nichts mit Golf zu tun haben, sind sicherlich hilfreich. Zumindest lenkt man sich so etwas ab. Man läuft aber auch Wege allein. Hierbei sollten Sie nicht über Probleme im Beruf nachdenken oder sich Sorgen machen über private Dinge. Auch Wünsche sollten nicht der Gegenstand Ihrer Gedanken sein. Denn das alles sind Zeichen einer Denkweise, die man als „Gegenwartsfresser" bezeichnen könnte. Dieses Denken beraubt sie des gegenwärtigen Erlebens. Die meisten Menschen sind sich dessen nicht bewusst: Sie nehmen hin und wieder vielleicht einmal etwas in Ihrer Umgebung wahr und denken sich: „Ach, das ist aber schön." Nach diesem Aufblitzen der Gegenwart verfallen sie allerdings sofort wieder in ihre gewohnte Denkstruktur. So kann der Verstand nicht abschalten, um sich zu erholen. Eine Alternative wäre das Wahrnehmen des Erlebnisses „Gehen über den Golfplatz". Nehmen Sie bewusst alle Dinge auf, die

Ihre Sinne reizen. Wie fühlt sich das Laufen an? Welche Muskeln spüren Sie? Wie riecht es auf dem Golfplatz? Was können Sie hören? Nehmen Sie auch bewusst alle Dinge wahr, die Sie sehen. Konzentriertes Denken verschließt die Sinne; öffnet man bewusst die Sinne, verstummen die Gedanken. Beides zugleich – sinnliches Wahrnehmen und konzentriertes Denken – funktioniert nicht. Um sich geistig zu entspannen, muss man also die Sinne öffnen, damit die Gedanken zurücktreten. In diesem Zustand gibt es weder Vergangenheit noch Zukunft, sondern nur den Augenblick.

Eine weitere Alternative ist die Gehmeditation: Um die Gedanken zu beruhigen, konzentriert man sich nur auf seine Atmung und das Gehen. Wem das nicht lange gelingt, der kann einen Trick anwenden, um seine Konzentration länger auf das Gehen gerichtet zu lassen: Zählen Sie die Schritte, die Sie beim Einatmen benötigen und dann die Schritte, die Sie beim Ausatmen benötigen. Das beschäftigt den Geist und wird Sie davor bewahren, über Ihre Schlagzahl nachzudenken oder gedanklich in die Vergangenheit oder Zukunft abzudriften. Genau wie bei jeder Form der Meditation sollte man auch hier nicht verkrampft über das Meditationsobjekt (hier der Atem und die Schritte) nachdenken. Die Gedanken werden immer wieder abschweifen; am Anfang mehr, später weniger. Kehren Sie einfach wieder zum Zählen Ihres Atems und Ihrer Schritte zurück. Früher oder später häufen sich die Momente klaren Gewahrseins, in denen man zu einem versunkenen Zeugen wird. Vergangenheit und Zukunft verschwinden, ebenso der Wunsch, woanders zu sein oder etwas zu verändern. Jegliche Selbstbezogenheit löst sich auf.

Golfspielen besteht zu einem erheblichen Teil aus Gehen. Wäre es da nicht schade, diese Zeit nur mit Nachdenken über zukünftige oder vergangene Schläge zu verbringen? Nutzen Sie die Zeit lieber sinnvoller und üben Sie sich in der Kunst, die Sinne zu öffnen, oder in der Kunst der Meditation.

Etwa vierzig Meter vor dem Ball schalten Sie wieder um und beginnen mit der Planung des nächsten Schlages. So können Sie Ihre Aufmerksamkeit bis zum letzten Schlag auf einem hohem Niveau halten.

Nach der Runde

„Na, wie hast du gespielt?"
„Wenn ich den Ball an der Neun nicht ins Wasser gehauen hätte und am elften Loch nicht drei Putts aus zwei Metern gebraucht hätte, dann ..."

Analysieren wir zuerst die Frage dieses Dialoges. Selten wird sie aus wirklichem Interesse gestellt – eher, um den eigenen Monolog einzuleiten. Die Antwort wird nicht richtig wahrgenommen und oft nicht bis zu Ende angehört. So bald wie möglich will man die eigene Runde schildern. Die wiederum interessiert den Gesprächspartner nicht. Trotzdem hört er geduldig zu, denn es gibt eine stille Übereinkunft: Niemand darf ständig über sich selbst reden – man muss auch bereit sein, anderen zuzuhören, wenn diese über sich selbst reden. Die meisten respektieren dieses gegenseitige Arrangement. Man verliert jedoch bald die Lust daran, wenn man erkennt, dass es sich hier nur um die Illusion von Dialogen handelt und in Wirklichkeit um Monologe zu zweit. Eine gute Runde spricht für sich selbst und eine schlechte Runde braucht und kann auch nicht schöngeredet werden.

Nun zu der Antwort: Konjunktiv-Erzählungen interessieren weder den Zuhörer, noch helfen sie dem Erzählenden. Will man anderen einen Bericht der eigenen Runde geben, weil sich tatsächlich jemand dafür interessiert, sollte man die Dinge herausstellen, die man gelernt hat.

Andere von dem eigenen Leid wissen lassen, ist völlig in Ordnung, wenn die Zuhörer Ihnen anschließend helfen können. Das Klagen vor anderen, die nichts tun können, als Ihr Jammern zu ertragen, ist jedoch überflüssig. Um Ihren Schmerz zu verringern, sollten Sie lieber selber die Ursachen beseitigen, statt nach jemandem zu suchen, der Ihre Last mit Ihnen teilt. Eine Ursachenbeseitigung wäre z. B. schlichtes Üben.

Nachwort

„Dass wir uns täglich selbst umbringen, wird den meisten Menschen erst in den letzten Jahren ihres Lebens bewusst. Dann, konfrontiert mit dem unabwendbaren Besuch des Mannes mit der Sense, der kommt, um uns zu ernten – ob wir nun reif geworden sind oder nicht –, erkennen wir, dass wir unser Leben eigentlich nie gelebt haben, nie wirklich gereift sind. Rückblickend wird uns plötzlich bewusst, wie oft wir Chancen nicht genutzt haben, Risiken nicht eingegangen sind, die Bedürfnisse von Körper, Seele und Geist nicht beachtet haben. Und warum? Weil wir Angst hatten zu versagen, uns lächerlich zu machen, einsam zu sein – die Meinung anderer war uns immer wichtiger als die Stimme des inneren Meisters, der uns zuflüsterte: ‚Das Leben ist mehr als nur dies – du bist mehr als du dir träumen lässt.'"[16]

Manfred Miethe

Stellen Sie sich vor, Sie bekämen heute einen Brief zu sehen, den Sie selbst kurz vor Ihrem Lebensende schreiben werden. In diesem Brief blicken Sie auf Ihr Golferleben zurück und nutzen die Gelegenheit, Ihrem jüngeren Ich etwas mitzuteilen.[17]

Meinem jüngeren Ich,

inzwischen kann ich kein Golf mehr spielen – mein Körper lässt es nicht mehr zu. Und so habe ich jetzt genügend Zeit zum Nachdenken: Zwar hatte ich viel Spaß auf dem Golfplatz, aber ich wünschte, ich hätte mehr daraus gemacht. Ich dachte immer, mein Spiel müsse erheblich besser sein und hoffte ständig, ein Geheimnis zu entdecken, das meinen Ball verlässlich lang und gerade fliegen lassen würde. Jetzt muss ich feststellen, dass ich diese Entdeckung nie gemacht habe. Ähnlich ging es mir mit meinen Mitspielern: Es müssen viele hundert gewesen sein; aber wirklich kennen gelernt habe ich kaum jemanden, denn ich war meist nur mit mir selbst beschäftigt. Und wenn es mir um meine Mitspieler ging, dann hauptsächlich darum, sie zu beeindrucken. Doch stattdessen fanden mich wahrscheinlich die meisten eher abstoßend, weil ich so verbissen war.

Heute muss ich viel Zeit in meiner Wohnung verbringen und ich vermisse es sehr, draußen zu sein. Ich bin durch unbeschreiblich schöne Landschaften gewandert. Doch wahrgenommen habe ich sie nur selten. Kein Baum, keine Blume, kein Tier habe ich aufmerksam angeschaut. Was war so wichtig, dass mir all das entgehen konnte? Mein Griff, mein Rückschwung, die misslungenen Schläge, mein Score? Sicher muss man über diese Dinge hin und wieder nachdenken; aber wie konnte mir nur so viel entgehen? Meine Augen werden immer schlechter und ich wünschte, ich wäre aufmerksamer gewesen, dann hätte ich jetzt lebendigere Erinnerungen.

Ich war immer nur auf der Suche nach dem Spiel, von dem ich dachte: so muss es sein. Gefunden habe ich es nicht und bei der Suche habe ich das Spiel übersehen, das ich hätte spielen können. Ich verhielt mich so, als könnte ich ewig leben – welche Überheblichkeit. Mach bitte nicht denselben Fehler. Genieße das Golfspiel unabhängig von Resultaten. Genieße auch die Natur und das Beisammensein mit deinen Mitspielern. Sorge dafür, dass dieses Spiel dein Leben bereichert. Viktor Frankl hat einmal geschrieben: *„Lebe so, als ob du zum zweiten Mal lebtest und das erste Mal alles so falsch gemacht hättest, wie du es zu machen – im Begriffe bist.“*[18]

Dein älteres Ich.

Anhang

„Alles, was man über das Lesen klugreden und geistreicheln mag, ist Geschwätz, ohne diese Grundwahrheit: Bücher sind keine Narkotika, Bücher sind keine Stimulanzien, Bücher sind Nahrung, und wer glaubt, von Stimulanzien und Narkotika leben zu können, wird an ihnen sterben. Dass ein Mensch nicht mit Eierkognak, Kaviar und Schlagrahm auf die Dauer bestehen kann, weiß jeder. Aber Tausende füttern sich mit nichts als Konditorliteratur, Likörliteratur, Gourmetliteratur und laufen geistig mit einem scheußlichen Magenkatarrh herum, weil sie's nicht glauben, dass auch im Geistigen Anfang und Ende aller Weisheit die einfachen unverfälschten Dinge sind: Früchte, Gemüse, Salat, Nüsse.“

Josef Hofmiller

Weiterführende Literatur

Das Gesamtverzeichnis der benutzten Literatur erspare ich dem Leser. Eine Auswahl meiner Favoriten wird eher zum Weiterlesen animieren. Die folgenden Autoren haben dieses Buch stark beeinflusst. Ihnen widme ich „Jenseits der Scores".

Ken Wilber:
Um das eigene Dasein zu begreifen, muss man sich mit Philosophie beschäftigen. Wer das ignoriert oder ablehnt, verfolgt damit auch eine Philosophie. Mit anderen Worten: Mensch sein, heißt Philosoph sein – ob man will oder nicht. Die einzige Wahlmöglichkeit besteht darin, ein inkompetenter Philosoph zu sein oder ein kompetenter. Wer Letzteres zum Ziel hat, sollte Wilber lesen. Für viele gilt er als der bedeutendste Denker des 21. Jahrhunderts. Seine Theorie bietet schlicht eine schlüssige Integration aller Wissensgebiete: Naturwissenschaft und Religion, Psychotherapie und Mystik, Philosophie und Politik; von Heisenberg bis Buddha, von Freud bis Meister Eckhart, von Kant bis Habermas – alle finden ihren Platz. Trotzdem muss man kein Akademiker sein, um ihn zu verstehen. Zum Beginn empfehle ich: „Ganzheitlich Handeln". Das autobiografische „Mut und Gnade" sowie „Wissenschaft und Religion" eignen sich auch zum Einstieg. Ken Wilbers Hauptwerk heißt „Eros, Kosmos, Logos".

Reinhard Sprenger:
Sprengers Bücher sind eine wohltuende Ausnahme in der Flut trivialer Psychologie- und Management-Ratgeber. Er fasst die revolutionären Gedanken von Alfie Kohn (Punished by Rewards, No Contest) und der Autoren Buckingham/Coffman (Erfolgreiche Führung gegen alle Regeln) schön zusammen. Zum Einstieg empfehle ich: „Die Entscheidung liegt bei dir."

Eugen Herriegel:
Als Professor der Philosophie bekam Eugen Herriegel in den Zwanzigerjahren einen Lehrauftrag in Japan. Herriegel nahm gerne an, denn er wollte die Zeit auch dazu nutzen, mehr über die Philosophie des Zen zu lernen. Doch von den Japanern erfuhr er bald, dass der Weg zum Zen für einen Europäer, wenn überhaupt, nur über das Erlernen einer der traditionellen Künste führen kann. Er entschied sich für das Bogenschießen und begab sich bei einem bekannten Meister in die Lehre. Seine Erfahrungen der folgenden sechs Jahre kann man in seinem Buch „Zen in der Kunst des Bogenschießens" nachlesen. Als Golflehrer möchte man dieses Buch zur Pflichtlektüre aller Golfer erklären; doch eine Pflicht untergrübe natürlich nur die Eigenmotivation und nichts wäre gewonnen.

Wer Belletristik Sachbüchern vorzieht, dem empfehle ich die „Johannes Erzählung" von Heinz Körner und „Der Pfad des friedvollen Kriegers" von Dan Millman.

Quellenangaben

1 Laotse: Tao Te King XXXIII
2 Diese Unterscheidung trifft Felix von Cube. Auch die folgenden Gedanken zum Thema „Triebe und Verwöhnung“ gehen auf ihn zurück. Vgl.: Lust an Leistung, München 1998. Besiege deinen Nächsten wie dich selbst, München 1997. Fordern statt verwöhnen, München 1991
3 Pinker, S.: Wie das Denken im Kopf entsteht. München 1998
4 Sprenger, R. K.: Mythos Motivation. Frankfurt 1997, S. 67 (bzw. Alfie Kohn, Health 5/1990)
5 Sprenger, R.K.: Die Entscheidung liegt bei Dir. Frankfurt 1998, S. 109
6 Nacherzählt in Anlehnung an: Zerlauth, T.: Sport im State of Excellence. Paderborn 1996, S. 15
7 Tavris, C.: Wut. Das missverstandene Gefühl. München 1995
8 a. a. O.: S. 186
9 a. a. O.: S. 186 f.
10 Pelz, D.: Putt like the Pros. Austin 1988
11 Eine genauere Analyse findet sich in: Oliver Heuler, Falken Golf Praxis – Das kurze Spiel. Niedernhausen 1996 (auch als Videokassette erhältlich)
12 In Anlehnung an Eberspächer, H.: Sportpsychologie. Reinbek 1993
13 Updike, J.: Golfträume. Reinbek 1999

14 Rotella, R. J. / Boutcher, S. H.: A closer look at the role of the mind in golf in Science and Golf, London 1992, S. 96 (vom Autor übersetzt)
15 Aus dem Buch: The Golfer & the Millionaire von Mark Fisher. Mit freundlicher Genehmigung des Verlages (vom Autor übersetzt).
16 Manfred Miethe, aus dem Vorwort von: Leonard, G.: Der längere Atem. Wessobrunn 1996, S. 9
17 Nach einer Idee von Fred Shoemaker: Extraordinary Golf. New York 1996 (mit freundlicher Genehmigung)
18 Frankl, V.: Der Mensch vor der Frage nach dem Sinn. München 1997, S. 246

Dank

Die Geburt eines Buches bedarf vieler Geburtshelfer und ist nie Werk eines Einzelnen. Besonderer Dank gilt der Hebamme Eva Christine Kathari für das geduldige Lektorieren, sowie meinen Kollegen Roland Becker – zusammen mit seiner Frau Rita –, Ralf Lehmann, Mike McFadden, Stephan Morales, Rainer Mund und Stefan Quirmbach für die vielen Anregungen, die ich in den letzten drei Jahren bekommen habe. Danken möchte ich auch Thomas Zacharias und Torsten Milsch, die mir gezeigt haben, wie man Psychologie in die Praxis umsetzen kann.